РЕГИОНОВЕДЕНИЕ КЫРГЫЗСТАНА
吉尔吉斯斯坦区域概况

主编 彭文钊

编者 彭文钊 〔俄〕М. А. Пузиков

图书在版编目(CIP)数据

吉尔吉斯斯坦区域概况/彭文钊主编. —北京：北京大学出版社，2022.1
（新丝路·语言）
ISBN 978-7-301-32787-6

Ⅰ.①吉… Ⅱ.①彭… Ⅲ.①俄语–阅读教学–高等学校–教材②吉尔吉斯斯坦–概况 Ⅳ.①H359.37：K

中国版本图书馆CIP数据核字（2021）第280880号

书　　　名	吉尔吉斯斯坦区域概况 JIERJISISITAN QUYU GAIKUANG
著作责任者	彭文钊　主编
责 任 编 辑	李　哲
标 准 书 号	ISBN 978-7-301-32787-6
出 版 发 行	北京大学出版社
地　　　址	北京市海淀区成府路205号　100871
网　　　址	http://www.pup.cn　新浪微博：@北京大学出版社
电 子 信 箱	pup_russian@163.com
电　　　话	邮购部010-62752015　发行部010-62750672　编辑部010-62759634
印 刷 者	北京虎彩文化传播有限公司
经 销 者	新华书店 787毫米×1092毫米　16开本　6.75印张　240千字 2022年1月第1版　2022年1月第1次印刷
定　　　价	39.00元

未经许可，不得以任何方式复制或抄袭本书之部分或全部内容。
版权所有，侵权必究
举报电话：010-62752024　电子信箱：fd@pup.pku.edu.cn
图书如有印装质量问题，请与出版部联系，电话：010-62756370

前　言

吉尔吉斯斯坦是一个独立的中亚国家，位于欧亚大陆中心，是连接东西方的桥梁，具有重要的地缘政治地位。苏联解体后，吉尔吉斯斯坦曾出现长期的经济危机，同时伴随着生活水平的下降和严重的政治动荡。今天的吉尔吉斯斯坦国内局势稳定，各领域稳步发展。尽管该国国土面积较小，但拥有多样的地理、经济条件，对其进行区域学研究具有重要的现实意义。吉尔吉斯斯坦是欧亚一体化进程的积极参与者，并在打造统一的欧亚和谐互利伙伴关系方面发挥着重要作用。

区域学是一门采用综合方法研究国家及某一地区特征的学科。本教材对吉尔吉斯斯坦的7个主要行政区域进行综合研究，其中包括巴特肯州、奥什州、贾拉拉巴德州、塔拉斯州、楚河州、纳伦州以及伊塞克湖州。上述每一个州既是自身具有鲜明特点的独特地区，又隶属于吉尔吉斯斯坦东北和西南两大区域（根据区域地理及社会经济因素，一般将吉尔吉斯斯坦划分为上述两大区域）。上述每个地区都是地理、气候、人口、经济（矿产、能源、工业、交通资源）、科教、社会文化、旅游资源的综合体。

本教材内容由两部分构成，第一部分是对吉尔吉斯斯坦作为一个独立国家在当前发展阶段的整体概述，第二部分是对上述7个地区详细的区域分析，重点描述其主要的经济领域。

第一部分包括三章。第一章介绍吉尔吉斯斯坦历史、文化的总体面貌，第二章介绍现代吉尔吉斯斯坦的政治经济概况，第三章介绍吉尔吉斯斯坦地理位置的特殊性和行政区划问题。

在吉尔吉斯斯坦的历史和文化这一部分，教材着重突出吉尔吉斯族的悠久历史，重点描述民族发展的几个关键阶段，并总结吉尔吉斯人民精神和物质文化的主要特征。这些特征主要受三个因素的制约：突厥—蒙古民族文化环境的影响、游牧的生活方式、山区居住的生活方式。这里特别需要提到的是《玛纳斯》史诗对于现代吉尔吉斯斯坦的历史文化和教育启蒙的重要意义。

在现代吉尔吉斯斯坦的政治经济制度这一部分，教材重点描述该国主要的国家象征元素、国家政治体制特点、国家内政与外交的优先方向，引用关于人口结构的统计学数据，详细分析吉尔吉斯斯坦主要经济领域，尤其是国家水力资源对于吉尔吉斯斯坦和整个中亚地区的重要性。

在吉尔吉斯斯坦的地理位置和区域划分问题这一部分，教材重点分析该国多样性的自然资源和气候资源，着重描述吉尔吉斯斯坦的现代行政区划，包括吉尔吉斯斯坦的7个主要行政区域。

楚河州的比什凯克市在吉尔吉斯斯坦东北地区乃至整个国家范围内都是工业、政治、科学和教育中心。与全国平均水平相比，该市各个领域的发展水平都更高。楚河州是吉尔吉斯斯坦工业化程度最高的地区，在该国工业生产系统中占据重要地位。比什凯克是吉尔吉斯斯坦的首都，它作为中亚地区的中心城市之一，也是该国与中国、哈萨克斯坦、俄罗斯等国之间的重要贸易和交通枢纽。

贾拉拉巴德州丰富的水电资源使该地区成为吉尔吉斯斯坦工业化程度最高的地区。该地区的电力工业、有色金属冶炼业、燃料工业处于国内领先地位。贾拉拉巴德州的电力主要来自纳伦河上的水力发电，这里的发电量占全国总发电量的近90%。该州正在兴建基于当地原材料的新的生产部门，并增加对邻近中亚国家以及对巴基斯坦和中国的电力出口。

伊塞克湖州最主要的自然资源是伊塞克湖。该湖具有发展旅游业的独特前景，该地区也有能力成为中亚乃至世界上最具吸引力和最受欢迎的度假胜地之一。与此同时，该地区还有大量的矿藏。

奥什州是吉尔吉斯斯坦南部的重要区域。奥什市是该国的另一个工业、教育和文化中心。与其他地区相比，在该地区的工业产业结构中，以农业原料为基础的制造业占有重要地位。该地区经济发展的主要产业是农业。区内企业发展水平仅次于楚河州。奥什州文化和历史古迹以及各种自然景观众多，旅游业发展具有巨大潜力。

巴特肯州得益于各种类型的种植业、畜牧业的良好发展，在国家农业系统中发挥了非常重要的作用。该地区还具有相当大的工业潜力，例如阿依达尔肯富有汞矿，卡达穆扎富有锑矿，吉及尔吉耶、苏柳科特富有煤矿。值得一提的是，该地区的地缘政治局势复杂，大部分土地位于费尔干纳盆地，其四分之三的边界属于国界，而邻国的飞地也位于其境内。

纳伦州的优势产业主要是畜牧业，以及当地矿产资源的开采和加工。

塔拉斯州人口稀少，仅占全国人口的5%。该地区工业发展水平较低，相对而言，自然和文化历史旅游业有一定发展潜力。

编　者

ОТ АВТОРОВ

Данное учебное пособие по курсу "Регионоведение Киргизии" входит в состав серии учебно-методических пособий по регионоведению стран ШОС, разрабатываемых авторским коллективом Даляньского университета иностранных языков. Предлагаемое пособие предназначено для учащихся бакалавриата и магистратуры высших учебных заведений КНР и других стран ШОС, изучающих регионалистику в рамках программ Университета ШОС по направлению подготовки "Регионоведение". Помимо этого, пособие может быть использовано и для изучения регионалистики как дополнительной или факультативной дисциплины.

Учебное пособие рассчитано, в основном, на самостоятельную работу учащихся, но может быть использовано и в качестве методической опоры для подготовки лекционного курса "Регионоведение Киргизии" или "Регионоведение Центральной Азии". Авторский коллектив в ходе разработки методической концепции пособия учитывал то обстоятельство, что система преподавания регионоведения в университетах КНР находится в стадии становления и развития, а стандарты содержания соответствующих курсов окончательно не определены. По этой причине, а также потому, что Киргизия занимает в общем информационном потоке значительно меньшее место, чем, к примеру, Китай, Россия и Казахстан, и поэтому учащиеся имеют весьма ограниченные сведения об этой стране, авторы пособия нашли необходимым включить в него не только главные виды актуальных регионоведческих знаний, но также обширный пласт страноведческой информации, что особенно важно, учитывая отсутствие отдельного пособия по страноведению Киргизии.

Авторский коллектив старался добиться в данном пособии высокой степени научности излагаемого материала при относительно высоком уровне его доступности. Вместе с тем, авторы осознают объективные трудности с освоением предложенного текста, которые должны неизбежно возникнуть у китайских учащихся с недостаточным уровнем владения русским языком. Как представляется, использование пособия наиболее целесообразно для учащихся 4-го курса бакалавриата языковых специальностей китайских вузов или для магистрантов. Для русскоговорящих учащихся вузов стран ШОС пособие можно применять на любом этапе обучения.

Учебник состоит из 4-х частей, в первой из которых приводятся самые общие сведения по истории и культуре Киргизии, во второй - освещается современная политико-экономическая ситуация в стране, в третьей - рассматриваются особенности географического положения и вопросы территориального членения Киргизии, а в четвёртой, являющейся основной, даётся подробная и развернутая характеристика всех крупных административно-территориальных единиц, составляющих северо-восточный и юго-западный регионы Республики Кыргызстан.

При составлении настоящего пособия авторы принимали во внимание требования, включенные в государственный стандарт специальности «Регионоведение» в вузах России. Данные требования подразумевают наличие у учащихся знаний исторических, политико- и экономико-географических, культурных и экологических особенностей изучаемого региона, а также представлений об основных тенденциях и факторах развития изучаемого региона в системе межрегиональных отношений. Кроме того, учащиеся должны иметь представление о динамике экономических, демографических и социально-культурных процессов в регионе, а также понимать причины и возможные последствия острейших проблем регионального развития. Авторы убеждены, что настоящее учебное пособие удовлетворяет перечисленным требованиям.

Авторы учебника считают необходимым указать, что, поскольку оно написано на русском языке, в нём используются преимущественно закрепившиеся в научном обиходе русские, а не киргизские варианты географических названий, этнокультурных реалий и т. п. В частности, это касается самого названия страны: в пособии последовательно употребляются слова "Киргизия", "киргизы" и "киргизский", а слово "Кыргызстан" используется исключительно в рамках официального обозначения государства - Республика Кыргызстан.

Авторский коллектив выражает огромную благодарность Айсулуу Буркановой, Гульзат Кусейин кызы, Каныкей Боронбаевой и Халиде Хамитовой за помощь в работе над учебным пособием и за содействие в сборе фактических, статистических и иллюстрационных материалов, использованных в нем.

СОДЕРЖАНИЕ

Глава 1 ОБЩИЕ СВЕДЕНИЯ ПО ИСТОРИИ И КУЛЬТУРЕ КИРГИЗИИ 1
   1.1. Ключевые этапы истории Киргизии. 2
   1.2. Основные особенности духовной и материальной культуры киргизского народа. 4
   1.3. Культурно-историческое значение эпоса "Манас" для современной Киргизии. 9

Глава 2 ОБЩАЯ ПОЛИТИКО-ЭКОНОМИЧЕСКАЯ ХАРАКТЕРИСТИКА СОВРЕМЕННОЙ КИРГИЗИИ 11
   2.1. Государственные символы и политическое устройство страны. 12
   2.2. Структура населения и демографические процессы в современной Киргизии. 16
   2.3. Основные отрасли экономики Киргизии. 17

Глава 3 ОСОБЕННОСТИ ГЕОГРАФИЧЕСКОГО ПОЛОЖЕНИЯ И ВОПРОС ТЕРРИТОРИАЛЬНОГО ЧЛЕНЕНИЯ КИРГИЗИИ 26
   3.1. Общая характеристика природы и климата Киргизии. 27
   3.2. Современное административно-территориальное деление Киргизии. 31

Глава 4 ЭКОНОМИКО-ГЕОГРАФИЧЕСКАЯ ХАРАКТЕРИСТИКА ЧУЙСКОЙ ОБЛАСТИ И ГОРОДА БИШКЕК 34
   4.1. Общая характеристика Чуйской области. 35
   4.2. Особенности географического положения и природные ресурсы Чуйской области. 36
   4.3. Основные отрасли экономики Чуйской области. 39
   4.4. Бишкек как столица Киргизии и центр северо-восточного региона страны. 41

Глава 5 ЭКОНОМИКО-ГЕОГРАФИЧЕСКАЯ ХАРАКТЕРИСТИКА ДЖАЛАЛ-АБАДСКОЙ ОБЛАСТИ 45
   5.1. Общая характеристика Джалал-Абадской области. 45
   5.2. Особенности географического положения и природные ресурсы Джалал-Абадской области. 47

5.3. Основные отрасли экономики Джалал-Абадской области. 50

Глава 6 ЭКОНОМИКО-ГЕОГРАФИЧЕСКАЯ ХАРАКТЕРИСТИКА ИССЫК-КУЛЬСКОЙ ОБЛАСТИ 55
6.1. Общая характеристика Иссык-Кульской области. 55
6.2. Особенности географического положения и природные ресурсы Иссык-Кульской области. 57
6.3. Основные отрасли экономики Иссык-Кульской области. 59

Глава 7 ЭКОНОМИКО-ГЕОГРАФИЧЕСКАЯ ХАРАКТЕРИСТИКА ОШСКОЙ ОБЛАСТИ И ГОРОДА ОШ 63
7.1. Общая характеристика Ошской области и города Ош. 64
7.2. Особенности географического положения и природные ресурсы Ошской области. 66
7.3. Основные отрасли экономики Ошской области. 68
7.4. Город Ош как центр юго-западного региона Киргизии. 72

Глава 8 ЭКОНОМИКО-ГЕОГРАФИЧЕСКАЯ ХАРАКТЕРИСТИКА БАТКЕНСКОЙ ОБЛАСТИ 75
8.1. Общая характеристика Баткенской области. 75
8.2. Особенности географического положения и природные ресурсы Баткенской области. 77
8.3. Основные отрасли экономики Баткенской области. 79

Глава 9 ЭКОНОМИКО-ГЕОГРАФИЧЕСКАЯ ХАРАКТЕРИСТИКА НАРЫНСКОЙ ОБЛАСТИ 86
9.1. Общая характеристика Нарынской области. 86
9.2. Особенности географического положения и природные ресурсы Нарынской области. 88
9.3. Основные отрасли экономики Нарынской области. 90

Глава 10 ЭКОНОМИКО-ГЕОГРАФИЧЕСКАЯ ХАРАКТЕРИСТИКА ТАЛАССКОЙ ОБЛАСТИ 93
10.1. Общая характеристика Таласской области. 93
10.2. Особенности географического положения и природные ресурсы Таласской области. 95
10.3. Основные отрасли экономики Таласской области. 96

Глава 1 ОБЩИЕ СВЕДЕНИЯ ПО ИСТОРИИ И КУЛЬТУРЕ КИРГИЗИИ

吉尔吉斯斯坦历史文化概述

吉尔吉斯斯坦位于中亚，早在公元前1000年，吉尔吉斯人就已经出现在中亚地区，并将自己的民族延续到今天。

公元前4—前3世纪，古吉尔吉斯人组成了强大的游牧民族部落联盟，一些吉尔吉斯部落向叶尼塞河和贝加尔湖地区迁徙，并在那里首次建立了吉尔吉斯民族国家。后来在其他游牧民族的侵袭之下，该国逐渐衰落，几乎没有留下任何痕迹，但它却留存在吉尔吉斯的民族记忆之中，当时的一些事件被记录在史诗《玛纳斯》中。《玛纳斯》被收入联合国教科文组织人类非物质文化遗产名录，同时它也作为世界上鸿篇巨制的史诗之一被列入吉尼斯纪录。

其后的几百年，众多吉尔吉斯部落分布在中亚的广阔地区，丰富了中亚地区的历史。15世纪下半叶，吉尔吉斯各部落统一后，在吉尔吉斯斯坦境内形成了一个独立的汗国。

吉尔吉斯斯坦在"丝绸之路"上起着重要作用。现代吉尔吉斯斯坦的西南重镇奥什市地理位置便利，数千年前它曾是"丝绸之路"费尔干纳支线的重要枢纽。

19世纪下半叶，吉尔吉斯斯坦被俄罗斯帝国吞并。十月革命后，从1918年起，吉尔吉斯斯坦成为突厥斯坦苏维埃社会主义自治共和国的组成部分；1924年成为俄罗斯苏维埃联邦社会主义共和国一个独立的自治州；1926年更名为吉尔吉斯苏维埃社会主义自治共和国；1936年更名为吉尔吉斯苏维埃社会主义共和国。苏联时期，吉尔吉斯斯坦工业、科学、教育蓬勃发展。

苏联解体后，吉尔吉斯斯坦成为一个独立的国家。今天的吉尔吉斯斯坦是一个拥有独立主权的总统制国家。

吉尔吉斯民族的习俗、仪式、传统和物质文化都经历了复杂的历史发展阶段。在突厥、蒙古民族文化的影响下，在游牧的生活方式、山地生活以及其他诸多因素的影响下，形成了吉尔吉斯民族独特的精神和物质文化。尽管受到现代技术的影响，这些文化的影响力在减弱，但它仍然是吉尔吉斯斯坦国家生活的有机组成部分。现在，这些传统元素以全新的形式得到了进一步的发展。传统与现代生活方式的独特交融，正是吉尔吉斯人民引以为豪的国家特征。

1.1. Ключевые этапы истории Киргизии.

Территория Киргизии, как и вся Средняя Азия, является одним из древнейших очагов человеческой цивилизации. Исследования археологов показывают, что первобытный человек освоился здесь со времен каменного века. Киргизы, этнос, известный в Центральной Азии уже в первом тысячелетии до нашей эры, донесли сквозь века до наших дней свое самоназвание.

Первые государственные образования на территории современной Киргизии возникли во втором веке до н.э., когда южные, земледельческие районы страны вошли в состав государства Паркан. В 4-3 вв. до нашей эры древние киргизы входили в мощные племенные союзы кочевников, которые весьма серьезно тревожили Китай. Именно тогда началось строительство Великой Китайской стены. В 2-1 вв. до нашей эры часть киргизских племен ушла из-под власти гуннов (Хунну) на Енисей ("Эне-сай" по-киргизски значит "Мать-река") и Байкал ("Бай кёл" по-киргизски - "Богатое озеро"). Именно здесь они образовали первое свое государство и Киргизский Каганат. Он явился центром консолидации киргизского народа, формирования его культуры. Здесь возникла первая письменность киргизов. Рунические надписи сохранились на каменных памятниках. Разрушение государства под ударами завоевателей привело к потере письменности, но не народной памяти. Беспрецедентный по объему эпос "Манас" - подлинная энциклопедия, вобравшая в себя события истории, сведения об обществе, обычаях и быте. "Манас" включён в список шедевров нематериального культурного наследия человечества ЮНЕСКО, а также в Книгу рекордов Гиннеса как самый объёмный эпос в мире.

В 5 веке начался переход к оседлому образу жизни и у кочевников, населявших Северную Киргизию. К 10 веку относятся первые свидетельства письменных источников о населяющих Тянь-Шань киргизских племенах. Широко известным памятником древности являются наскальные изображения в урочище Саймалы-Таш. Эти уникальные росписи говорят о высоком уровне цивилизации киргизов того времени. До сих пор поражают воображение башня Бурана и Узгенский архитектурный комплекс, свидетельствующие о высоком мастерстве зодчих и строителей. С середины 9 века до начала 10 века великокиргизское ханство

Наскальные рисунки в урочище Саймалы-Таш

Глава 1
ОБЩИЕ СВЕДЕНИЯ ПО ИСТОРИИ И КУЛЬТУРЕ КИРГИЗИИ

охватило Южную Сибирь, Монголию, Байкал, верховья Иртыша, часть Кашгарии, Иссык-Куль и Талас. Период расцвета киргизского государства был не только периодом завоеваний, но и торгового обмена с китайцами, тибетцами, народами Южной Сибири, Центральной и Средней Азии. Именно в этот период истории киргизы, после победы над Уйгурским каганатом, впервые вступили на территорию Тянь-Шаня. Однако в конце 10 в. под властью киргизов остались лишь Южная Сибирь, Алтай и Юго-Западная Монголия. В 11-12 вв. их владения сократились до Алтая и Саян.

Между тем, рассеянные по огромному пространству части киргизских племен принимали активное участие в событиях, которыми богата история Центральной Азии. Они сумели сохранить свою этническую самостоятельность и стать ядром притяжения других этносов. Заключительный этап этногенеза связан с монгольским, ойротским (калмацким), найманским и другими центральноазиатскими народами. Начиная с 13 века киргизам пришлось вести кровопролитные войны за независимость от различных завоевателей. Во второй половине 15 века на территории Киргизии в результате объединения киргизских племен впервые сложилось самостоятельное ханство, в состав которого вошла основная часть сформировавшейся к тому времени киргизской народности.

Большое значение Киргизия имела на Великом Шелковом Пути. Город Ош, главный город юга современной Киргизии, в течение многих тысячелетий из-за географически удобного расположения был транзитным городом Ферганской ветки Великого Шелкового Пути. Местные жители обслуживали путешественников и торговцев караванов. Ош как удобное место для торговли и обмена товаров привлекал торговцев, ремесленников, скотоводов и земледельцев.

В 1863 году к Российской Империи была присоединена Северная Киргизия, а в 1876 году - Южная. После победы Октябрьской революции киргизы вместе со всеми народами бывшей царской России вошли в состав Советской республики. В 1918 году Киргизия - часть Туркестанской АССР. По национально-государственному размежеванию советских республик Средней Азии 14 октября 1924 года была образована Кара-Киргизская (с 25 мая 1925 года - Киргизская) автономная область в составе РСФСР, 1 февраля 1926 года преобразована в Киргизскую АССР, а 5 декабря 1936 года - в Киргизскую ССР. Советский этап развития Киргизии ознаменован бурным развитием промышленности, науки и образования.

Герб Киргизской ССР

После распада СССР Киргизия стала независимым государством. В октябре 1990 года на сессии Верховного Совета республики было принято решение о переименовании Киргизской ССР в Республику Кыргызстан. 15 декабря 1990 года Верховный Совет принял Декларацию о суверенитете республики, а 31 августа 1991 года - Декларацию о независимости Киргизии. 5 мая 1993 года была принята первая Конституция Киргизской Республики как независимого суверенного государства. 10 мая 1993 года в Киргизии была введена собственная национальная валюта - сом. В данный момент Киргизия - суверенное, президентское государство, стоящее на пути демократического развития.

1.2. Основные особенности духовной и материальной культуры киргизского народа.

Обычаи, обряды, традиции и материальная культура киргизского народа прошли сложный путь исторического развития. Формирование их основных характерных признаков происходило в тесной взаимосвязи с тюрко-монгольской этнокультурной средой. В поисках лучших пастбищ киргизы-скотоводы вместе с семьями и своим родом часто переходили из одного места в другое, вступая в хозяйственные, торговые, семейно-брачные отношения, как с родственными племенами, так и с чужими. В этом процессе проходили обмен информацией, культурными ценностями, трудовыми навыками, взаимное обогащение культур и хозяйственно-бытовых технологий. Деятельность кочевника и его семьи всегда была направлена на создание материальных ценностей и укрепление безопасности.

Кочевой образ жизни скотоводов немыслим без лошадей

На каждом этапе развития кочевой культуры киргизов происходили существенные изменения. Вся культура, сам образ жизни и ключевые представления о жизни находились в состоянии постоянного изменения, обновления и совершенствования. Здесь не было места для застывших, замкнутых систем. Наоборот, проявлялось постоянное стремление к новизне, к накоплению как можно большего числа этнокультурных достижений самых разных племен и народов. С другой стороны, благодаря сильным семейным, родственным, племенным традициям, любви и преданности к своему народу и естественному стремлению к самосохранению киргизский народ из поколения в поколение передавал самое лучшее, самое ценное из своего жизненного опыта.

Глава 1
ОБЩИЕ СВЕДЕНИЯ ПО ИСТОРИИ И КУЛЬТУРЕ КИРГИЗИИ

Таким образом, три основных фактора (тюрко-монгольское этнокультурное окружение, кочевой образ жизни и проживание в горах), а также множество других влияний сформировали самобытную духовную и материальную культуру киргизов, которая и в условиях современной техногенной цивилизации является органичной частью жизни страны. За

Традиционный киргизский орнамент

20-ый век под давлением современного образа жизни некоторые традиции, обычаи и обряды вышли из активного употребления, но многие из них, так же, как и большая часть материальной культуры, сохранились и получили дальнейшее развитие в обновленном и трансформированном виде, как главные элементы традиционной культуры, составляющие основу этнокультурного своеобразия современной Киргизии. Уникальный сплав традиций и современного образа жизни - это то, чем народ Киргизии по праву гордится.

Религиозные воззрения киргизов, под стать своей древней, сложной и многостадийной этнической истории, имеют своеобразную, многослойную историю формирования и становления. Характеризуя нынешнее состояние и степень укоренённости ислама в общественном сознании киргизов, исследователи называют его народным, бытовым исламом. Такое состояние или характеристика ислама объясняется его синкретизмом - в киргизском исламе наряду с положениями ортодоксального суннитского ислама, органически переплетаясь, сосуществуют отдельные элементы таких домусульманских форм верований, как тотемизм, анимизм, фетишизм, культ природы и умерших предков, тенгрианство, шаманизм и др. Существующие на подсознательном уровне архаические представления и традиции и обычаи прошлого вместе с вышеперечисленным сплавом составляют суть народной, бытовой религии киргизов.

Традиционные обычаи и обряды, связанные с рождением ребенка, занимают важное место в киргизской культуре

Обычаи и обряды у киргизов представляют собой богатый и сложный по своему содержанию этнокультурный комплекс. В нём переплелись обычаи и обряды, возникшие в различные исторические эпохи, на разных уровнях социально-экономического и культурного развития. На характере обычаев и обрядов сильнейший отпечаток оставили родоплеменные и патриархально-байские отношения. Все виды обычаев и обрядов киргизов (связанные с жизненным циклом человека, со сватовством, помолвкой и свадьбой, похоронно-поминальным циклом, календарём, кочёвкой, приёмом гостей, различными материальными объектами культуры и др.) обладают ярко выраженным самобытным характером и пользуются большой популярностью в народе.

Традиционная материальная культура киргизского народа представляет собой уникальное явление всего культурного фонда народа. Её становление неразрывно связано с кочевой цивилизацией, которая возникла и получила всестороннее развитие на огромном евроазиатском пространстве и оставила глубокий неизгладимый след в мировой истории. Материальная культура, социальная организация, духовная жизнь древних киргизов имели обще черты с культурой саков, усуней, гуннов, тюрков, монголоязычных племён Центральной и Средней Азии. Особая близость, местами полное совпадение тех или иных элементов культуры киргизов обнаруживаются в культуре тюрко-монгольских племён и народов. Материальная культура киргизов прошла несколько этапов. Однако, основные, характерные элементы сложились в эпоху, когда киргизские племена проживали в западных районах Монголии и Нижней Сибири в 3-2 в. до. н. э. Прежде всего это касается юрты, одежды, боевых доспехов и конского снаряжения.

Одним из ярких проявлений материальной культуры киргизов является переносное жилище - юрта (кирг. яз. - боз уй). Она представляет собой вершину кочевой архитектуры и народно-прикладного искусства. Кроме этого, она была прекрасно приспособлена к кочевому образу жизни: мягкость, простота конструкций, удобность в транспортировке, всесезонность были её неизменными качествами. В юрте заключены в конкретизированном виде древнейшие черты культуры народа, социальных и общественных отношений. Юрта, являясь уникальным примером коллективно-совместного творения и высшим образцом народного зодчества, воплотила в себе все грани мифических, религиозных, этических, духовных, эстетических, поэтических, пространственно-временных, космологических и других архетипов киргизской кочевой культуры.

Юрта - обычный элемент киргизского пейзажа

На протяжении десятков веков юрта являлась для киргизов центральным звеном в их

Глава 1
ОБЩИЕ СВЕДЕНИЯ ПО ИСТОРИИ И КУЛЬТУРЕ КИРГИЗИИ

жизненном процессе и выполняла как прагматическую, так и знаковую функции. Она, как фундаментальная концепция жилища и очага, была средоточием и своеобразным центром семьи, племени, рода, нации. Символ юрты, так называемый тундук, часто используется не только в быту, но и на официальном уровне, например, он изображен на государственном флаге Республики Кыргызстан, флагах и гербах областей и городов страны. Многие стороны обычаев, обрядов, поверий, связанных с юртой, впоследствии были перенесены на дома постоянного типа.

Традиционная одежда киргизов является важной составной частью культуры народа в целом. Ей были присущи своеобразные черты, типичные для одежды кочевников, что находит объяснение в исторически сложившемся образе жизни, связанном с кочевым скотоводческим хозяйством. Климатические условия также оказывали большое влияние на одежду, поэтому у киргизов преобладали тёплые виды одежды на ватной основе или из меха диких животных. Поскольку основные торговые ветки Великого Шёлкового пути проходили через земли киргизских племён Центральной и Средней Азии, они были вовлечены в международную торговлю и прекрасно были осведомлены о текстильном производстве у соседних народов. Ткани импортного производства были не только средством обмена в торговых операциях, но и шли для шитья одежды и предметов убранства в состоятельных и знатных семьях.

Элечек - киргизский традиционный головной убор замужних женщин

Самый известный и узнаваемый предмет одежды кыргызов - это мужской головной убор калпак, который, вероятнее всего, был заимствован именно у древних южно-сибирских киргизских племён, впоследствии образовавших кочевую державу. Уникальными элементами женской одежды являлась распашная юбка - бельдемчи, а также головной убор в виде тюрбана - элечек. Эти виды одежды носили замужние женщины. Обычаи, обряды, поверья, связанные с одеждой и её составными элементами образуют существенную часть культуры народа.

Важным элементом культуры Киргизии является национальная кухня. Поскольку скотоводство долгое время оставалось основным видом натурального хозяйства киргизов, поэтому молоко и мясо - неизменные составляющие киргизской кухни. До недавних пор в Киргизии конина оставалась излюбленным видом мяса, также широко употреблялось в пищу мясо овец, говядина, дичь: горные бараны, косули, козлы, реже птица и рыба.

Очень разнообразны в Киргизии молочные продукты. Здесь пьют не только коровье молоко, но и кобылье, и даже верблюжье, чем и объясняется многообразие изделий из молока. Это и айраны, и чал, и знаменитый кумыс, а также творог и разнообразные скороспелые творожные сыры.

Боорсоки - неотъемлемый атрибут праздничного застолья в Киргизии

В киргизской кухне, больше, чем в кухнях других народов, была заметна смена сезонов, так летом предпочтение отдавалось молочно-растительной пище, а зимой мясо-зерновой.

Исторически так сложилось, что после исхода из Китая дунган, а затем и уйгуров, эти нации осели на территориях сопредельных государств, привнося свои этнокультурные особенности, поэтому с конца 19 века в рацион киргизов стали входить национальные уйгурские и дунганские блюда: манты, лагман, чучвара. Очень прижились позаимствованные у соседних таджиков и узбеков пловы и шашлыки, а с приходом в эти края русских появились русские и украинские борщи. Для приготовления разнообразных блюд стали широко использовать лук, огурцы, помидоры, джусай, чеснок, перец, морковь, капусту.

Оседлое хозяйствование и развитие торговых отношений принесли свои плоды, и очень скоро однотипный рацион киргизов был пополнен картофелем, фруктами, медом, сахаром, кондитерскими изделиями, птицей и яйцами. В южных районах страны очень полюбилась тыква, которую добавляют в суп, манты, пельмени и т.д.

Современная киргизская кухня славится разнообразными мясными, молочными и мучными блюдами. Мясо, как и прежде, один из основных ингредиентов в национальной кулинарии, и как много веков назад, варка - излюбленный метод его тепловой обработки.

Согласно традициям ни одно серьезное торжество не обходится без национального блюда кочевников - бешбармака, представляющего собой вареное, мелко порезанное мясо молодого барашка, смешанное с отваренной в том же бульоне домашней лапшой.

Огромное место в национальной кулинарии издавна занимают изделия из муки. Особенно популярно старинное ритуальное угощение боорсоки - жаренные в масле сладкие кусочки раскатанного теста.

Чай - самый популярный напиток в Средней Азии, и, конечно, в Киргизии, излюбленными сортами являются черный байховый и зеленый чаи. В зависимости от

Глава 1
ОБЩИЕ СВЕДЕНИЯ ПО ИСТОРИИ И КУЛЬТУРЕ КИРГИЗИИ

ситуации его готовят с молоком или сливками. Традиционно киргизским является такой рецепт приготовления чая, как актаган, который готовят с применением масла или бараньего жира, сметаны и соли.

1.3. Культурно-историческое значение эпоса "Манас" для современной Киргизии.

Как уже было сказано, важнейшее место в культуре современной Киргизии занимает уникальный эпос "Манас", который имеет для страны не только культурно-историческое, но и воспитательно-просветительское значение.

Духовная культура каждого народа хранится в виде традиций и обычаев, а также устного творчества и письменных памятников. Из-за кочевого образа жизни киргизы оставили после себя не так много письменных свидетельств, но зато из поколения в поколения они передавали свои эпосы и предания. Наиболее крупным произведением киргизского героического эпоса и является поэма "Манас". Она представляет собой очень большую по объёму трилогию, собранную в результате творчества многих поколений сказителей - манасчи.

Эпос "Манас" - золотая сокровищница народной мысли, в которой отразился более чем трёхтысячелетний опыт истории и духовной жизни киргизов.

По своей природе "Манас" относится к образцам эпического устного творчества. По жанровым признакам эпос "Манас" следует относить к героическим эпосам. Однако, по

Бешбармак - традиционное блюдо киргизской кухни, восходящее к культуре кочевников-скотоводов

охвату событий и объёму повествования он выходит далеко за традиционные жанровые рамки. Содержание "Манаса" намного масштабней и глубже обычных песен о подвигах народных героев. Главная тема эпоса и его центральная идея посвящены раскрытию самых важных событий жизни киргизского народа. Эпос рассказывает о борьбе народа за независимость, воспевает отвагу героев, проявленную в кровавых битвах с захватчиками, идеализирует богатырей, отстаивающих идею народного единства и независимости. Сведения, содержащиеся в "Манасе", дают возможность отчётливо увидеть диалектику народного духа, конкретные исторические условия формирования различных народных представлений о дружбе и родстве, отношениях с врагами, о воинской доблести и отваге, долге и чести.

Почтовая марка СССР, посвященная эпосу "Манас"

Учитывая глубину и многоплановость содержания эпоса, было бы правильней рассматривать его не как единичное произведение, а говорить о нём как об особом художественном феномене, представляющем собой образец всей словесной литературы киргизов или целое художественное направление народной культуры. Эпос "Манас" синтезировал многие фольклорные жанры, которые образовали своеобразный художественный сплав, объединённый рамками эпического повествования. Эпос имеет свою цельную сюжетную линию, композиционную структуру, подчинённую единой художественной логике. Центральным стержнем сюжета, проходящим красной линией через всё многомерное повествование, является эпическая биография Манаса. Вокруг неё строятся все сюжетные линии, вобравшие художественный опыт самых различных исторических периодов, начиная от древнего этапа мифотворчества и заканчивая историческими преданиями периода 18-19 вв.

Глава 2 ОБЩАЯ ПОЛИТИКО-ЭКОНОМИЧЕСКАЯ ХАРАКТЕРИСТИКА СОВРЕМЕННОЙ КИРГИЗИИ

现代吉尔吉斯斯坦的政治经济特征

现代吉尔吉斯斯坦是一个独立的多民族国家，地处中亚，北接哈萨克斯坦，西接乌兹别克斯坦，西南同塔吉克斯坦接壤，东部与东南与中华人民共和国毗邻。该国土面积居世界第85位，人口排名世界第109位，首都是比什凯克。

吉尔吉斯共和国国旗于1992年确定，旗面为红色，中间是一个太阳形状的圆盘，并向四周散发四十束金色光线。吉尔吉斯斯坦共和国国徽启用于1994年，背景为深蓝色，中间为雪峰上升起的带有金色光线的太阳，下面是蓝色的伊塞克湖，白隼玛纳斯用自己有力的翅膀托起旗面的山峰、太阳和湖泊，外围由两种元素构成，分别是金黄色的麦穗和白色的棉花。

吉尔吉斯斯坦的国家货币是索姆。在所有独联体国家的货币中，索姆的整体通货膨胀率是较低的。

当前吉尔吉斯斯坦共和国的国家体制由宪法确定，该宪法2010年6月27日获得通过。共和国总统以全民选举的方式产生，任期六年，无权连任。共和国议会（最高委员会）采取一院制，由120名议员组成。这些议员都是根据党派提名选举，任期五年。总理是政府首脑，由议会提名。

吉尔吉斯斯坦的多党制从1991年开始实行。截至2016年，吉尔吉斯斯坦登记在册的政党共有223个。根据2015年的选举结果，其中有五个党派在议会中拥有代表权。

吉尔吉斯斯坦于1992年成为联合国的成员国，独特的地缘政治优势使吉尔吉斯斯坦成为连接西方和东方的枢纽，这也为它与其他国家开展全方位、多层次的合作创造了良好条件。当前，吉尔吉斯斯坦是许多主要国际组织的成员，也是上海合作组织创始成员国之一。吉尔吉斯斯坦积极支持创建并发展欧亚经济联盟，2015年起成为欧亚经济联盟的成员国。此外，中国提出的"一带一路"倡议也得到了吉尔吉斯斯坦的支持。

吉尔吉斯斯坦的人口增长率非常高。该国城市化程度较低，60%的居民仍然居住在农村。全国人口超过600万人，在全国各地呈不均衡分布。吉尔吉斯斯坦是一个多山的国家，全国只有六分之一的领土处于海拔1700米以下，这些地区居住着超过80%的居民。

吉尔吉斯斯坦国内半数以上的劳动力是农业人口。可以说，目前吉尔吉斯斯坦的农业是国民经济的支柱产业。

能源和采矿业是吉尔吉斯斯坦工业的主要产业。轻工业，特别是食品加工企业，在保障当地农产品原料加工方面发挥着重要作用。

旅游业也是国家收入的重要来源，吉尔吉斯斯坦发展多样化旅游的空间十分广阔。

水电资源在吉尔吉斯斯坦的经济发展中发挥着重要作用，电力工业发展潜力巨大。吉尔吉斯斯坦的水资源非常丰富，能够向邻国出口灌溉用水。

2.1. Государственные символы и политическое устройство страны.

Современная Киргизия - это независимое государство Центральной Азии, расположенное в западной и центральной части горного массива Тянь-Шаня и граничащее на севере с Казахстаном, на западе - с Узбекистаном, на юго-западе - с Таджикистаном, на юго-востоке и востоке - с Китайской Народной Республикой. По площади территории страна занимает 85-ое место среди государств мира (199 951 кв. км.), а по населению - 109-ое (более 6 млн. чел. по данным 2018-го года). Столицей государства является город Бишкек.

Государственный флаг Республики Кыргызстан утвержден 3 марта 1992 года и представляет собой полотнище красного цвета, в центре которого расположен диск солнца с отходящими от него по кругу сорока золотистыми лучами. В середине диска находится изображение тундука - в качестве символа юрты, национального жилища киргизов. Красная одноцветность флага символизирует доблесть и смелость, золотое Солнце, купающееся в своих лучах, олицетворяет покой и богатство, а тундук - символ отчего дома в широком понимании этого выражения и мира как вселенной. 40 лучей, объединённых в круг, означают объединение 40 древних племён в единое государство. Тундук также символизирует единство народов, проживающих в стране.

Государственный флаг Киргизии имеет глубокое символическое значение

Герб страны утвержден 14 января 1994 года. Его авторы - художник Асейин Абдраев и генерал милиции Садырбек Дубанаев. На темно-синем фоне Государственного герба

Глава 2
ОБЩАЯ ПОЛИТИКО-ЭКОНОМИЧЕСКАЯ ХАРАКТЕРИСТИКА СОВРЕМЕННОЙ КИРГИЗИИ

Киргизской Республики изображены восходящее над снежными вершинами Ала-Тоо золотистое лучистое солнце и голубой Иссык-Куль. Поддерживает горы, солнце и озеро своими могучими крыльями белый кречет великого Манаса - воплощение национальной гордости, независимости, свободного духа киргизов. С двух сторон композицию обрамляют золотистые колосья пшеницы и белые коробочки хлопка.

Национальной валютой Киргизии является сом. Киргизия стала одной из первых стран бывшего СССР (и первой в постсоветской Центральной Азии), утвердившей собственную национальную валюту. Постановление о её введении было принято Верховным Советом Киргизии 3 мая 1993 года. В настоящее время сом представлен четырьмя номиналами монет (1, 3, 5 и 10 сомов) и семью номиналами банкнот (20, 50, 100, 200, 500, 1000 и 5000 сомов). Среди валют стран СНГ (включая российский рубль) сом имеет самый низкий совокупный уровень инфляции за весь постсоветский период.

На государственном гербе Киргизии широко раскинул крылья белый кречет Манаса

Киргизия и Казахстан - единственные из бывших республик СССР в Средней Азии, которые установили русский язык в качестве официального. Киргизский язык получил статус государственного языка в сентябре 1989 года.

Государственное устройство Республики Кыргызстан в настоящее время определяется Конституцией, которая была принята 27 июня 2010 года. Президент Республики избирается всенародным голосованием сроком на 6 лет, без права переизбрания на второй срок. Последние выборы Президента состоялись 15 октября 2017 года, и в их результате Президентом стал Сооронбай Жээнбеков. Парламент Республики - Жогорку Кенеш (Верховный Совет) - имеет приоритет решения и определения самых важных решений и политики государства, является однопалатным и состоит из 120 депутатов, избираемых сроком на пять лет по партийным спискам. Главой правительства является премьер-министр, который назначается парламентом по представлению депутатов от политической партии, получившей более 50 процентов мандатов.

В Киргизии с 1991 года существует многопартийная система. По состоянию на декабрь 2016 года в стране было зарегистрировано 223 политические партии, однако по итогам выборов 2015 года в парламенте представлено только 5 партий, так же, как и в предыдущем составе парламента.

Выход на международную арену суверенной Киргизии состоялся в 1991 году и за

Национальная валюта Киргизии - сом

более четверти века независимости его внешняя политика претерпела значительные изменения: определились ее цели и задачи, сформировались основные принципы функционирования, сложились приоритетные направления внешнеполитического курса, была заложена постоянно развивающаяся договорно-правовая база отношений с другими государствами.

2 марта 1992 года, на 46-й сессии Генеральной Ассамблеи, Киргизская Республика была принята в члены Организации Объединенных Наций, что позволило ей выступать на международной арене в качестве полноправного субъекта. Уникальное геополитическое месторасположение Киргизии в качестве моста между Западом и Востоком, а также Севером и Югом, создает благоприятные условия для развития многовекторного и разноуровнего сотрудничества с другими странами, но также вынуждает к проведению взвешенной внешней политики.

В 1992 году Киргизия стал членом другой авторитетнейшей всемирной организации - ЮНЕСКО, целью которой являются сохранение, защита и развитие мирового культурного наследия. ЮНЕСКО оказывает большую поддержку развитию культуры, науки и образования Киргизии. Празднование таких важнейших исторических событий в культурной жизни киргизского народа, как 1000-летие эпоса "Манас" в 1995 году и 3000-летие города Оша в 2000 году, состоялось при поддержке именно этой организации.

В настоящее время Республика Кыргызстан является членом многих международных организаций, а более 30 из них имеют в Бишкеке свои представительства. Страна тесно сотрудничает с крупнейшими финансовыми организациями - Всемирным банком, Международным валютным фондом, Азиатским банком реконструкции и развития. Осенью 1998 года первой среди стран СНГ Киргизия вступила во Всемирную торговую организацию.

При проведении своей внешней политики Республика Кыргызстан придерживается общедемократических ценностей, носящих универсальный характер: таких, как борьба за мир и безопасность народов, уважение суверенитета и территориальной целостности, невмешательство во внутренние дела государств, нерушимость и неприкосновенность их границ, взаимовыгодное и равноправное сотрудничество между ними. Основными целями внешней политики Киргизской Республики являются обеспечение суверенитета и территориальной целостности государства, создание благоприятных условий для

Глава 2
ОБЩАЯ ПОЛИТИКО-ЭКОНОМИЧЕСКАЯ ХАРАКТЕРИСТИКА СОВРЕМЕННОЙ КИРГИЗИИ

стабильного внутреннего развития, соблюдение прав и свобод человека, создание благоприятных внешних условий для стабильного внутреннего развития, формирование пояса добрососедства по периметру границ, совершенствование инвестиционного климата и привлечение в республику преимущественно частных капиталовложений.

Киргизия старается проводить целенаправленную сбалансированную многовекторную внешнюю политику. В многостороннем сотрудничестве для обеспечения и продвижения своих национальных интересов Кыргызстан по-прежнему уделяет первостепенное значение поискам новых форм взаимодействия и партнерства в рамках различных международных организаций, как глобальных, так и региональных.

Важнейшим направлением международного сотрудничества для Киргизии является взаимодействие со странами-партнерами в рамках ШОС. Киргизская Республика является одним из государств-учредителей Шанхайской организации сотрудничества, возникшей на базе "Шанхайской пятерки" (Казахстан, Китай, Киргизия, Россия и Таджикистан). В своем взаимодействии со странами Организации киргизская сторона исходила из того, что ШОС является важным и действенным механизмом в укреплении взаимного доверия, дружбы и добрососедства, упрочения разностороннего взаимодействия государств региона и взаимного процветания и экономического развития. Участие Киргизской Республики в деятельности ШОС отвечает национальным интересам страны и позволяет активно противодействовать угрозе международного терроризма, религиозного экстремизма, незаконного оборота наркотиков и оружия, незаконной миграции, что является необходимым условием обеспечения безопасности и стабильности в стране и в регионе в целом, а также способствует сохранению территориальной целостности и независимости страны. В формате ШОС Киргизия приобрела уникальную возможность претворять в жизнь инициативы по развитию собственной экономики и участвовать в совместных экономических проектах на территории партнеров по Шанхайской организации сотрудничества.

Члены ШОС Китай, Россия и Казахстан являются важнейшими торгово-экономическими партнерами Киргизии. Страна активно поддерживала идею создания и развития Евразийского экономического союза и является его членом с 12 августа 2015 года. Имеет значительную поддержку в Киргизии и стратегическая инициатива "Один пояс - один путь", выдвинутая председателем КНР Си Цзиньпином и включающая в себя проекты "Экономического пояса Шелкового пути" и "Морского Шелкового пути 21-го века", тем более, что сходную по идеям инициативу предлагал в свое время под названием "Дипломатия Шелкового пути" бывший президент Киргизии Аскар Акаев.

2.2. Структура населения и демографические процессы в современной Киргизии.

Население Киргизии по оценке на 1 января 2016 года превысило 6 миллионов жителей, что значительно больше, чем проживало здесь в 1959-ом (2,065 млн.), 1970-ом (2,935 млн.), 1979-ом (3,523 млн.), 1989-ом (4,258 млн.), 1999-ом (4,823 млн.), 2009-ом (5,363 млн.) годах. До 1960-х годов население республики быстро росло за счёт миграционного и естественного прироста, который был особенно значительным у сельских киргизов, узбеков и других среднеазиатских народов. Существенный прирост наблюдается у них и в настоящее время. Эти данные позволяют говорить об очень быстром увеличении населения Киргизии, которое, будучи само по себе весьма позитивным фактором, однако, не сопровождается столь же быстрыми темпами развития экономики страны, что неизбежно приводит к росту социального напряжения в киргизском обществе, которое будет только возрастать при сохранении указанных тенденций. В 1990-е годы активизировались процессы миграции сельского населения в крупные города. Переживающее спад постсоветское сельское хозяйство не могло сохранить большое количество новых рабочих мест, однако и в городах устроиться на работу молодым людям, зачастую не имеющим профессии и оказавшимся в чуждой социальной среде, было непросто. Недостаток рабочих мест внутри страны вызвал потоки внешней трудовой миграции, главным образом в Россию.

Характерной особенностью Киргизии является её слабая урбанизация: более 60% населения страны по-прежнему живут в сёлах, особенно это касается киргизов и узбеков. При этом нужно учитывать, что более половины городского населения проживает в столице страны Бишкеке. Население распределено по стране очень неравномерно. Киргизия - горная страна, только одна шестая часть ее расположена на высоте до 1700 м. над уровнем моря, но именно на этой части территории живет свыше 80% населения страны. Плотность его здесь достигает 90 человек на 1 кв. км. (в среднем же по Киргизии - 28 человек на 1 кв. км.). Большая часть населения сосредоточена в предгорных долинах - Чуйской (на границе с Казахстаном) и Ферганской (на границе с Узбекистаном), долинах рек Нарын и Талас, а также в Иссык-Кульской котловине. Приток сельских мигрантов в города продолжается на протяжении всех лет независимости Киргизии, как было сказано, из-за традиционно более высокой рождаемости в сельской местности. Однако, если в советское время миграция в той или иной степени контролировалась и обеспечивалась властями республики, то в постсоветские годы мигранты столкнулись с рядом проблем. Сельская молодёжь в городах зачастую не может найти работу, не имеет постоянного жилья.

Киргизия - многонациональная страна. Киргизы по данным 2016 года составляют 73% населения, 14,6% составляют узбеки, 6% - русские, более 0,5% - дунгане, уйгуры, таджики,

Глава 2
ОБЩАЯ ПОЛИТИКО-ЭКОНОМИЧЕСКАЯ ХАРАКТЕРИСТИКА СОВРЕМЕННОЙ КИРГИЗИИ

турки и казахи. Всего в стране проживает около 100 национальностей. После распада СССР многие граждане некоренных национальностей эмигрировали на историческую родину. Исключение составили представители узбекской, дунганской, таджикской, азербайджанской и некоторых других общин. Процент русских и других славянских народов с 1990 года снизился более чем в пять раз, при этом следует учитывать, что оставшаяся их часть проживает, в основном, в Бишкеке.

Киргизия отличается молодым составом населения: на начало 2013 года 32% от общей численности составили дети и подростки, 61% - лица в трудоспособном возрасте и около 7% - лица старше трудоспособного возраста. Средний возраст населения продолжает постепенно увеличиваться и на начало 2013 года составил 27 лет для обоих полов, для мужчин – 26 лет и для женщин – 28 лет.

Более высокий, по сравнению с наиболее развитыми в экономическом отношении странами мира, уровень смертности населения Киргизии отрицательно сказывается на размере показателя ожидаемой продолжительности жизни при рождении, который в 2012 году составлял 70 лет для обоих полов. Ожидаемая продолжительность жизни у мужчин на 8 лет ниже, чем у женщин.

Можно сказать, что демографические процессы, происходящие в последние годы в Киргизии, характеризуются довольно высокими темпами роста численности населения. Сохраняется высокий уровень рождаемости и стабильный уровень смертности. Баланс внешней миграции остается отрицательным, но его величина за последние годы значительно снизилась.

2.3. Основные отрасли экономики Киргизии.

Экономика Киргизии состоит преимущественно из промышленности и сельского хозяйства, причём в сельском хозяйстве занято свыше половины трудоспособного населения. Около полумиллиона жителей Киргизии выезжают на заработки за границу, прежде всего в Россию. В 2011 году объем денежных переводов мигрантов домой составил почти треть ВВП страны.

Общая протяжённость автомобильных дорог в Киргизии - 34 тыс. км., включая 18,8 тыс. км. дорог общего пользования, обслуживаемых дорожными подразделениями Министерства транспорта и коммуникаций, и 15,2 тыс. км. дорог городов, сёл, сельскохозяйственных, промышленных и других предприятий. Протяжённость автомобильных дорог международного значения составляет 4,2 тыс. км., государственного - 5,7 тыс. км, местного значения - 9 тыс. км. Из них протяжённость дорог общего пользования

Киргизия - страна молодых!

с твёрдым покрытием составляет 7,2 тыс. км., 5 тыс. км. с асфальтобетонным покрытием и 2,2 тыс. км. с черногравийным покрытием.

Общая протяжённость региональных транспортных коридоров Киргизии составляет 2242 км., к самым крупным из которых относятся маршруты Бишкек - Ош, Бишкек - Нарын - Торугарт, Бишкек - Каракол и Ош - Исфана.

В целом, дорожная сеть страны развита недостаточно хорошо, хорошие асфальтированные шоссе идут из Бишкека в Ош (главная трасса страны, связывающая северный и южный регионы Киргизии), Алма-Ату и Рыбачье, вокруг озера Иссык-Куль также проложена дорога достаточно высокого качества по меркам страны. Зимой движение часто затрудняется заносами на перевалах. В большинстве случаев дороги представляют собой либо разбитый асфальт, либо покрытые гравием или просто грунтовые дороги. До многих мест до сих пор можно добраться только на вертолете, на лошадях или пешком.

В настоящее время реконструированы коридоры Ош - Бишкек и Ош - Сары-Таш - Иркештам, корпорацией China Road ведётся работа по реконструкции магистрали Бишкек - Нарын - Торугарт, продолжаются работы по реконструкции дорог по направлениям Бишкек - Талас - Тараз и Ош - Баткен - Исфана. Начаты работы по строительству второй автомагистрали по напрвлению "север - юг" Бишкек - Балыкчи - Казарман - Джалал-Абад.

Железнодорожный транспорт в Киргизии в масштабах страны развит незначительно, но даже те небольшие по протяженности линии, которые используются в настоящее время, играют важную роль в перевозке пассажиров, а особенно в доставке грузов. Давно продолжаются переговоры о строительстве международной железнодорожной магистрали Китай-Киргизия-Узбекистан, с последующим выходом через Иран и Турцию в европейские страны.

Промышленность Киргизии представлена, в основном, энергетикой и добывающей отраслью. Важную роль играют предприятия лёгкой и пищевой промышленности, обеспечивающие переработку местного сырья,

Главная автомобильная трасса страны Бишкек-Ош проходит по живописным местам

Глава 2
ОБЩАЯ ПОЛИТИКО-ЭКОНОМИЧЕСКАЯ ХАРАКТЕРИСТИКА СОВРЕМЕННОЙ КИРГИЗИИ

предоставляемого сельским хозяйством страны. Значительная часть продуктов сельского хозяйства идёт на экспорт. Немаловажную статью доходов Киргизии составляет туризм, для развития самых разнообразных видов которого в стране имеются огромные возможности.

В Киргизии имеются значительные залежи полезных ископаемых, прежде всего, золота, ртути, олова, вольфрама и бурого угля. Для развития экономики стране необходимо создавать и развивать минерально-сырьевую базу, так, как это успешно делалось в советское время. Полезные ископаемые страны в основном делятся на следующие четыре крупные группы: металлы, неметаллы, топливно-энергетические ресурсы и подземные воды.

Важнейшее место в экономике Киргизии занимают гидроэнергетические ресурсы страны, благодаря которым электроэнергетическая отрасль промышленности страны имеет большой потенциал. В Киргизии действует 17 ГЭС, из которых крупнейшими являются гидроэлектростанции Нарынского каскада - Токтогульская ГЭС и Курпсайская ГЭС.

Становление промышленности Киргизии началось еще до того, как Киргизия стала частью СССР, однако к 1913 году доля промышленного производства составляла всего 3%. До революции по сравнению с Россией в Киргизии промышленной продукции на 1 человека выпускалось в 16 раз меньше. Промышленность, основанная на кустарном производстве, занималась, в основном, переработкой сельскохозяйственного сырья (86,5% от всей промышленной продукции). До революции в Киргизии работали 1 конфетная фабрика кустарного типа, 2 пивоваренных и 2 кожевенных завода, мастерская по выпуску плодово-

Профиль каскада Верхне-Нарынских ГЭС

ягодных соков, 11 мельниц, маслобойни и др. В регионе существовало несколько частных предприятий обработки сельскохозяйственного сырья - предприятия первичной обработки шерсти и хлопкоочистительные. Работали 5 малых государственных электростанций, общей мощностью 265 кВт. Горно-металлургическая промышленность была представлена несколькими частными предприятиями по добыче золота, озокерита и железного купороса. Полезные ископаемые не разведывались, использовались беспорядочно. На территории страны имелось 6 временно функционирующих кирпичных заводов, 1 известковый завод. Из топливной промышленности разрабатывались 27 угольных шахт, на которых работал

871 рабочий, на двух нефтяных промыслах работало всего 55 человек. На долю этих предприятий приходилось 59% рабочих этого региона и 50% выпускаемой продукции.

Планомерное и последовательное строительство народного хозяйства Киргизии в советское время начиналось именно с целенаправленного развития промышленности. При этом строительство крупных промышленных объектов, рациональное использование богатых природных ресурсов, улучшение транспортных связей, развитие трудовых ресурсов, создали все необходимые предпосылки и условия для ускоренного развития промышленного производства в республике. По сравнению с 1913 годом к 1981 году количество промышленной продукции в регионе выросло в 379 раз. С 1940 по 1980 годы среднегодовой рост промышленной валовой продукции в республике составлял 10,2%. В 1980 году на долю промышленности республики приходилось 55,6% общественной валовой продукции. Промышленность республики в целом состояла из 130 отраслей и подотраслей. Количество производимой продукции в этих отраслях регулярно увеличивалось. Например, только в отрасли машиностроения изготавливалось более 200 видов продукции. Развитие промышленности в Киргизии создавало благоприятные условия для развития рынка рабочей силы. В 1980 году в республике количество рабочих уже доходило до 197 тысяч человек, а, например, в 1913 году было не более 2,5 тысяч. Среди работающих в народном хозяйстве специалисты с высшим образованием составляли 11%, а рабочие со средним специальным образованием, работающие в промышленности - 20%. В период СССР в республике было построено множество крупных промышленных предприятий и объектов инфраструктуры и, в целом, была заложена индустриальная база современной Киргизии.

Возведение Токтогульской ГЭС

В 90-е годы 20-го века в результате переориентации промышленности на требования рыночных отношений в сфере промышленного производства произошли большие отраслевые изменения. В связи с этим в республике с 1991 года в целях создания рыночной атмосферы были приняты необходимые меры, в результате которых многие крупные предприятия были реализованы по реструктуризации и приватизированы. С 1992 по 1995 годы в промышленности проходила крупномасштабная приватизация, которая часто осуществлялась без соответствующей подготовки к работе в рыночных условиях, поэтому многие высокоспециализированные предприятия остановили производство, некоторые из

Глава 2
ОБЩАЯ ПОЛИТИКО-ЭКОНОМИЧЕСКАЯ ХАРАКТЕРИСТИКА СОВРЕМЕННОЙ КИРГИЗИИ

них перепрофилировались на выпуск простейших изделий, другие находились под угрозой банкротства и ликвидации. Выпуск промышленной продукции в 1991-95 годах ежегодно сокращался. Снижение объема производства произошло по всем основным отраслям промышленности. Последовательно проводимые рыночные преобразования в экономике позволили в настоящее время значительно улучшить ситуацию в промышленности. После 1995 года наметилась тенденция роста производства в промышленности за счет привлечения значительных иностранных инвестиций в цветную металлургию, топливную и пищевую промышленности.

С 1996 года с некоторыми перерывами, связанными с периодами политической нестабильности в стране, производство промышленной продукции ежегодно возрастает. По всем сырьевым отраслям уровень производства в 2000 году, по сравнению с 1990 годом, был выше, чем в целом по промышленности, и составлял в топливной - 74,8%, а в цветной металлургии и в электроэнергетике соответственно 532,6% и 114,4% от показателей 1990 года. Резкое увеличение производства продукции в цветной металлургии связано с вводом в эксплуатацию золоторудного предприятия «Кумтор». Наряду с увеличением доли

сырьевых отраслей произошло значительное сокращение доли перерабатывающей и обрабатывающей отраслей, и в 2000 году их удельный вес составлял в машиностроении и металлообработке - 16,6%, в легкой - 30,1% и пищевой промышленности - 18,0%. В связи с изменением характера спроса со стороны потребителей, трудностями в материально-техническом снабжении и в сбыте готовой продукции, а также сложным финансовым положением промышленных

Структура промышленного производства Киргизии включает в себя три основных элемента

предприятий снизился удельный вес ранее крупных отраслей - машиностроения и легкой промышленности.

В последние годы основной объем (до 90%) промышленной продукции Республики Кыргызстан производится пятью экономикообразующими отраслями, четыре из которых, исключая гидроэнергетику, относятся к обрабатывающей промышленности: металлургическое производство и производство готовых металлических изделий; производство пищевых продуктов, включая напитки и табак; текстильно-швейное производство; производство прочих неметаллических минеральных продуктов, например, строительных материалов.

Пищевая и перерабатывающая промышленность Киргизии является многоотраслевой и состоит из таких подотраслей, как сахарная, спиртовая, ликероводочная, хлебопекарная, кондитерская, плодоовощная, мясная, молочная, масложировая, макаронная, винодельческая, пивоваренная, производство безалкогольных напитков, табачная, мукомольно-крупяная и чаеразвесочная. Ведущее место в отрасли занимает молочное производство, на долю которого приходится более пятой части выпускаемой продукции.

Наличие в республике богатейшей сырьевой базы для производства строительных материалов (глина, песок, известняк, гипс, мрамор, гранит и другие виды сырья) способствует дальнейшему расширению объемов производства цемента, кирпича, стекла, строительного гипса, извести, тепло- и электроизоляционных материалов, облицовочных материалов и др. Имеющиеся месторождения являются весьма перспективными для расширения уже действующих, а также создания на их основе новых производств по выпуску стройматериалов (энергоэффективные стройматериалы, строительная продукция на основе полимеров: трубы, окна и пр., продукция, выпускаемая на основе производимых в республике цемента, бетона: производство фасадной и тротуарной плитки, элементов мощения, брусчатки и т. д.). Учитывая необходимость дальнейшего развития промышленности строительных материалов, востребованных для успешной реализации Национальной Программы жилищного строительства в стране, а также увеличения экспорта строительных материалов (цемент, шифер, листовое стекло и пр.), данная отрасль считается наиболее привлекательной для инвестирования.

В общем объеме промышленности Киргизской Республики удельный вес текстильно-швейного производства составляет 5-7%, а ведущее место в нем занимает швейная отрасль - порядка 90%. В целях сохранения конкурентоспособности своей продукции, предприятия швейной отрасли используют преимущественно дешевые синтетические ткани или ткани заказчика. При этом, Киргизия обладает благоприятными климатическими условиями для выращивания хлопка, разведения овец и производства коконов, что обуславливает необходимость проведения модернизации имеющейся производственной базы и технологий по их обработке, с улучшением качества продукции и повышения конкурентоспособности готовой текстильной продукции. Текстильные предприятия

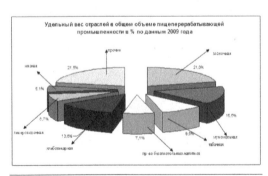

Многоотраслевой характер пищевой и перерабатывающей промышленности Киргизии хорошо виден на схеме

Глава 2
ОБЩАЯ ПОЛИТИКО-ЭКОНОМИЧЕСКАЯ ХАРАКТЕРИСТИКА СОВРЕМЕННОЙ КИРГИЗИИ

республики не в состоянии переработать весь объем выращиваемого хлопка. Порядка 90% хлопка-волокна экспортируется в страны СНГ и Европу. Возникает необходимость привлечения инвестиций в сферу переработки хлопка-волокна на юге республики, в целях импортозамещения текстильных материалов (хлопчатобумажных, шерстяных и шелковых тканей, пряжи) за счет восстановления и развития текстильной отрасли страны.

Киргизия имеет ограниченные ресурсы нефти и газа, и уголь является основным топливом в стране. Угольная отрасль - составная часть промышленности Республики Кыргызстан, включающая комплекс организационных, технических и технологических процессов, связанных с поиском, разведкой, хранением, переработкой, транспортировкой и продажей угля и продуктов его переработки. Основным недостатком углей Средней Азии, в том числе киргизских углей, является их низкая механическая прочность, поэтому при добыче открытым способом с применением различных техники и механизмами более 60% угля сразу же после добычи превращается в мелочь, к тому же не весь добываемый на территории Киргизии уголь годится для использования населением в качестве топлива и в некоторых регионах до сих пор

Высокогорные пастбища джайлоо - основа животноводства Киргизии

ощущается острая нехватка угля. Несмотря на это, в современном топливно-энергетическом балансе страны уголь играет ведущую роль, составляя большую часть ее энергоресурсов.

Киргизия является по преимуществу аграрной страной, а сельское хозяйство Киргизии является ведущей отраслью экономики страны. В этом секторе занята большая часть трудоспособного населения Киргизии. Развитие этого сектора экономики во многом обусловило наличие крестьянских и фермерских хозяйств. Киргизия самостоятельно обеспечивает собственные нужды в сахаре, зерне, хлопке и овощах, пуская часть продукции на экспорт. Основными зерновыми культурами являются ячмень, пшеница, овес, кукуруза и рис. Здесь выращивается более двадцати видов овощных культур: баклажаны, томаты, лук, бобовые, капуста, перец, редис и др. В Ошской и Джалал-Абадской областях выращиваются тыквы, дыни и арбузы. Из фруктов в Киргизии преобладают груши, яблоки, гранат, инжир, персики, хурма, слива и абрикосы. В стране представлено богатое разнообразие ореховых и ягодных культур: фундук, кешью, миндаль, арахис, фисташки, грецкий орех, клубника, малина, смородина, барбарис.

Животноводство, благодаря наличию обширных территорий, пригодных под пастбища, развито почти на всей территории страны. Основными отраслями животноводстваКиргизии являются молочная и мясная. Большое распространение получило также овцеводство, дающее большое количество шерсти. Птицеводство представлено разведением гусей, кур, уток и индюков.

Нельзя не отметить и значительные запасы водных ресурсов Киргизии, позволяющие экспортировать воду для орошения соседним государствам - Узбекистану, Казахстану и Таджикистану.

Климатические особенности Киргизии сами по себе диктуют развитие сельскохозяйственных отраслей и земледелия с высокой культурой полива. Ландшафты низких полузамкнутых впадин - Ферганской, Чуйской, Таласской - почти полностью превращены в культурные ландшафты. Здесь развиты виноградарство, садоводство, бахчеводство и овощеводство, сосредоточены все плантации хлопка, табака, риса и основные массивы зерновых и технических культур. Однако земледелие связано с большим риском из-за неустойчивости климата, что является причиной нестабильности экономики данных регионов. Решение проблемы устойчивого развития экономики заключается в повышении доли орошаемого земледелия и несельскохозяйственного сектора.

Киргизия обладает самыми богатыми водными ресурсами среди стран Центральной Азии

Закономерно увеличивающееся вовлечение земель в интенсивное пользование - под пашню, особенно орошаемую, а также некоторые социально-экономические факторы привели к развитию многих отрицательных явлений. Большие площади сельскохозяйственных угодий Киргизии находятся в неудовлетворительном состоянии. Основные проблемы загрязнения земельных ресурсов страны - снижение плодородия почвы вследствие прогрессирующего засоления и осолонцевания, переувлажнение и заболачивание земель, ветровая и водная эрозии, засоренность камнями, деградация пастбищных земель. В этих условиях урожайность сельскохозяйственных культур прямо зависит от количества вносимых минеральных удобрений, которые слишком дороги для большей части крестьян и которых к тому же в стране ощущается явный недостаток. В итоге ограниченность земельных угодий, ухудшение мелиоративного состояния земель в сочетании с ростом численности населения привели в Киргизии к устойчивой тенденции уменьшения продуцирующих площадей на одного жителя.

Глава 2
ОБЩАЯ ПОЛИТИКО-ЭКОНОМИЧЕСКАЯ ХАРАКТЕРИСТИКА СОВРЕМЕННОЙ КИРГИЗИИ

Таким образом, сильными сторонами экономики Киргизии можно считать автономное сельское хозяйство, способное, в целом, обеспечить продуктовую безопасность страны, высокий гидроэнергетический потенциал, богатые водные ресурсы и большие возможности для развития туристической отрасли, которая в перспективе может приносить значительный доход, а слабыми - недостаточное развитие промышленности и отсутствие собственной технологической базы, плохое состояние транспортных путей и объектов инфраструктуры, а также высокий уровень коррупции. Это находит закономерное выражение и в структуре экспорта и импорта Киргизии: экспорт по данным 2012 года составил 3,380 млрд. долл. и включал в себя хлопок, электроэнергию, шерсть, мясо, табак, золото, ртуть, уран, сурьму, швейные изделия и обувь (основные покупатели: Швейцария - 27,2 %, Россия - 19,2 %, Узбекистан - 14,3 %, Казахстан - 11,4 %, Франция - 6,7 %), а импорт - 5,060 млрд. долл. и состоял, в основном, из нефти и газа, машин и оборудования, химикатов, продовольственных товаров (основные поставщики: Россия - 36,6 %, Китай - 17,9 %, Казахстан - 9,2 %, Германия - 8,2 %).

Глава 3 ОСОБЕННОСТИ ГЕОГРАФИЧЕСКОГО ПОЛОЖЕНИЯ И ВОПРОС ТЕРРИТОРИАЛЬНОГО ЧЛЕНЕНИЯ КИРГИЗИИ

吉尔吉斯斯坦的地理特征与行政区划

吉尔吉斯斯坦主要位于温带，部分领土位于亚热带。地形整体海拔较高，山地为主且位于横穿欧亚大陆中心的温带荒漠带。吉尔吉斯斯坦位于两大山系之间，东北部位于天山山脉，西南部则位于帕米尔—阿赖山脉。吉尔吉斯斯坦没有出海口，四分之三的国土是山地。

从地理角度看，众多的山脊和山口将吉尔吉斯斯坦分为北部和南部两部分。北部主要包括楚河州、塔拉斯州、伊塞克湖州和纳伦州；南部则主要包括巴特肯州、奥什州和贾拉拉巴德州，比什凯克—奥什公路贯通南北两部分。

吉尔吉斯斯坦的行政区划分为州、市、区、村等。目前吉尔吉斯斯坦包括2个直辖市（比什凯克、奥什）、7个州（楚河州、塔拉斯州、伊塞克湖州、纳伦州、巴特肯州、奥什州、贾拉拉巴德州）、40个市、28个区和423个村。

根据传统的地理特征，可将吉尔吉斯斯坦划分为以下几个地区：楚河河谷、塔拉斯河谷（吉尔吉斯斯坦西北部）、伊塞克湖盆地（伊塞克湖地区）、天山中部、天山南部、吉尔吉斯斯坦西南部。

目前，吉尔吉斯斯坦各州、市在人口、经济、政治、文化教育发展方面很不平均，这不仅扩大了国内两个主要区域——南部和北部之间的差距，也使得首都比什凯克和其他地区的生活差异日益明显。

吉尔吉斯斯坦各地区可划分为三个经济带。

第一个经济带包括比什凯克市、楚河州和贾拉拉巴德州。这些地方拥有充足的工业、科技、教育和人力资源潜力，经济发达。

第二个经济带包括伊塞克湖州、奥什州、巴特肯州。这些地区的社会经济发展处于中等水平，但是发展不均衡：如果从个别产业和生活领域的指标来看，它可能与第一个经济带的发展水平持平，但在其他更多方面可能同第三个经济带持平。

第三个经济带包括纳伦州和塔拉斯州。这两个州缺乏工业潜力，但其农业在国民经济中的占比较高，是吉尔吉斯斯坦的产粮基地。

Глава 3
ОСОБЕННОСТИ ГЕОГРАФИЧЕСКОГО ПОЛОЖЕНИЯ И ВОПРОС ТЕРРИТОРИАЛЬНОГО ЧЛЕНЕНИЯ КИРГИЗИИ

3.1. Общая характеристика природы и климата Киргизии.

Киргизия - страна высоких гор и живописных долин - расположена в умеренных, отчасти субтропических широтах, с востока на запад страна протянулась на 900 км., а расстояние между её северной и южной крайними точками составляет 410 км. Контрастность природы Киргизии обусловлена значительной приподнятостью её территории над уровнем моря, горным рельефом и положением в центре обширного материка Евразии среди пустынь умеренного пояса.

Территория Киргизии составляет 198 500 кв. км. и расположена в пределах двух горных систем. Северо-восточная её часть, большая по площади, лежит в пределах Тянь-Шаня, юго-западная - в пределах Памиро-Алая. Государственные границы Киргизии проходят главным образом по гребням горных хребтов. Лишь на севере, северо-западе и юго-западе, в густонаселённых Чуйской, Таласской и Ферганской долинах, - по подножиям гор

Горные хребты пролегли по всей территории Киргизии

и предгорным равнинам. По оценкам исследователей, 97,8 % всех поселений республики расположены в районах с сейсмичностью 8-9 баллов.

Киргизия не имеет выхода к морю. Более трёх четвертей территории страны занимают горы. Пик Победы высотой 7439 метров - самый северный семитысячник на Земле - является наивысшей точкой страны. Вся территория Киргизии лежит выше 401 метра над уровнем моря; более половины её располагается на высотах от 1000 до 3000 метров и примерно треть - на высотах от 3000 до 4000 метров Горные хребты занимают около четверти территории и простираются параллельными цепями в основном в широтном направлении. На востоке главные хребты Тянь-Шаня сближаются в районе Меридионального хребта, создавая мощный горный узел. Именно здесь, на границе с Китаем и Казахстаном, поднимаются пики Победы и Хан-Тенгри (6995 м.).

Западная часть Киргизии расположена в пределах Западного Тянь-Шаня. Его важнейшие орографические элементы - это Таласская долина, хребет Таласский Ала-Тоо и Чаткальский хребет.

На юго-западе в пределы Киргизии входят северная, восточная и южная окраины Ферганской котловины с предгорьями. На юге к Киргизии относятся северный склон Туркестанского хребта, Алайский хребет, Алайская долина и северный склон Заалайского хребта (Пик Ленина, 7134 м.), составляющего северную окраину Памира.

Географически Киргизия горными хребтами и перевалами условно делится на север (Таласская, Чуйская, Иссык-Кульская и Нарынская области) и юг (Баткенская, Ошская и Джалал-Абадская области). Северный и южный регионы соединены единственной высокогорной автомагистралью Бишкек - Ош. Автотрасса в направлении с севера на юг преодолевает перевал Тоо-Ашуу (3800 м. над уровнем моря), Суусамырскую долину, перевал Ала-Бель (3200 м.), заповедную зону ущелья Чычкан, Токтогульское водохранилище, перевал Кок-Бель (2700 м.) и выходит в Ферганскую долину.

В Киргизии насчитывается более чем 40 000 больших и малых рек, общая длина которых составляет приблизительно 150 тыс. км., с вытеканием около 47 кубических километров воды в год. Главным источником воды в реках является талая вода с многочисленных горных ледников. Количество дождей составляет меньше чем пятая часть всего водного потока. Многие горные реки не являются судоходными из-за большого снижения относительной высоты над уровнем моря, сложного рельефа русла и быстроты потока. Однако многие из них подходят для рафтинга и подобных видов деятельности.

Река Нарын у Курпсайской ГЭС

Река Нарын является самой длинной рекой в Кыргызстане (почти 600 км.) и знаменита с самых древних времен. Образованная слиянием двух рек - Большого и Малого Нарына, берущих начало в ледниках Центрального Тянь-Шаня, она скапливает воду нескольких больших притоков, таких как Ат-Баши и Кекемерен, до впадения в Токтогульское водохранилище, а также потоков, идущих через Ферганские горы в Ферганскую долину, где при слиянии с Карадарьёй образует реку Сырдарью.

Вниз по течению реку широко используют для выработки гидроэлектроэнергии и является потенциальным источником разногласий с Узбекистаном, поскольку Киргизия стремится сохранить как можно больше воды реки для своего собственного использования. Крупными реками являются также Талас, Чу, Карадарья, Сары-Джаз и Чаткал.

На северо-востоке страны на высоте 1609 м. над уровнем моря находится шестое в мире по глубине озеро, которое входит в группу основных достопримечательностей Киргизии - горное озеро Иссык-Куль, на берегу которого расположены многочисленные пансионаты, санатории и туристические базы. Озеро находится в Иссык-Кульской котловине, между хребтами Терскей Ала-Тоо (с юга) и Кунгей-Ала-Тоо (с севера). В Киргизии есть много и других озер (Сон-Куль, Чатыр-Куль и др.), многие из которых являются горными. В 105 км. к востоку от озера Иссык-Куль находится горное ледниковое озеро Мерцбахера с плавающими на поверхности айсбергами, знаменитое тем, что в летний период после набора определённого уровня воды озера быстро с шумом исчезают, уходя в подлёдные каналы.

Континентальный климат Киргизии обусловлен тремя основными факторами - гористой местностью, удаленностью страны от больших водных пространств и ее расположением почти в центре Евразии. Температурные амплитуды варьируются сильно, в среднем с -30°С в горных долинах зимой до 27°С в летнее время в Ферганской долине. Самая высокая зафиксированная температура 44°С, а самая низкая -53,6°С. Количество осадков также

Горное ледниковое озеро Мерцбахера - настоящее чудо природы

сильно различается в разных местах страны. На высоких склонах оно достигает до 2000 мм. в год, а на западном берегу Иссык-Куля - менее 100 мм. в год. Киргизия, в основном, солнечная страна и получает в среднем 2900 солнечных часов в год, хотя в некоторых долинах облачность практически постоянна и бывает не более четырёх часов ясной погоды в день. Климат Кыргызстана можно иногда отнести даже к резко-континентальному, что приводит к весенним снегопадам, и даже заморозкам. Как и другие страны Центральной Азии с похожим климатом, Республика Кыргызстан часто страдает от неожиданных выпадов осадков. Зимой на климат оказывают влияние арктические ветры со стороны Сибири и Северного Ледовитого океана. Чаще всего это приводит к выпадению осадков и снегопадам. В такую погоду нередки и туманы и моросящие дожди, что является следствием столкновения влажных и холодных воздушных масс.

Характерной особенностью Киргизии является смена почти всех тепловых поясов, что позволяет наслаждаться разнообразием флоры и фауны. Леса занимают не более 6% от общей площади страны. Редкие леса на

Снежный барс - владыка высокогорий Киргизии

высоте 2000-2500 м. имеют различные виды трав и растений, в том числе такие известные, как тянь-шаньские ели и эдельвейсы. В целом, Киргизия насчитывает более 4000 видов растений, многие из которых являются редкими.

Животный мир представлен более, чем 500 видами позвоночных животных (из них 335 видов птиц и 49 видов рыб) и 3000 видами насекомых, многие из которых являются редкими и занесены в Красную книгу. В кипарисовых лесах Тянь-Шаня встречаются стада архаров, маралов и хищные бурые медведи. В горных долинах обитают лисы, волки, суслики и такие мелкие млекопитающие, как тушканчики и пищухи, горные ручьи богаты форелью. Снежные барсы, обитающие преимущественно в высокогорье, в прошлом населяли большую часть страны, но на сегодняшний день популяция этого вида ограничена.

В Киргизии существует 83 особо охраняемые природные территории различного статуса. Площадь, которую они занимают, составляет около 761,3 тыс. млн. га (около 4,45 % от всей территории страны). Охраняемые территории включают в себя восемь государственных заповедников, девять национальных парков и 67 природных парков (10 лесных, 23 ботанических, 18 геологоразведочных, 2 комплексных и 14 животноводческих). Два биосферных заповедника находятся под охраной ЮНЕСКО, а старейшим и крупнейшим из них является Иссык-Кульский биосферный заповедник.

Сары-Челекский биосферный заповедник

Благополучное геоэкологическое состояние, текущий и перспективный уровень экологической безопасности территории Киргизии определяются состоянием горных ландшафтов и экосистем. Горным ландшафтам и экосистемам присущи определённая неустойчивость и нестабильность, повышенная уязвимость и чувствительность к различным природным и антропогенным воздействиям. На данном этапе экономического развития горные ландшафты и экосистемы по-прежнему остаются условием и средством существования населения страны и его производственной деятельности. Горные ландшафты и экосистемы, во-первых, являются средой существования населения, во-вторых, их широко используют в качестве природного ресурса, а в-третьих их изменяют, преобразуют и нарушают в процессе многолетних и текущих хозяйственных работ. До 20 века хозяйственная деятельность человека не наносила ощутимого ущерба горным ландшафтам и экосистемам. Особенно резкое усиление антропогенного воздействия произошло в последние сто лет. С этого

Глава 3
ОСОБЕННОСТИ ГЕОГРАФИЧЕСКОГО ПОЛОЖЕНИЯ И ВОПРОС ТЕРРИТОРИАЛЬНОГО ЧЛЕНЕНИЯ КИРГИЗИИ

времени происходит усиленная трансформация естественных ландшафтов и экосистем, преобразованных в искусственную территорию (культурные и преобразованные ландшафты и экосистемы), где имеются не только благоприятная среда существования для человека, но также и условия для ухудшения экологической безопасности, различные физико-химические соединения, которые имеют негативные, даже ядовитые биологические параметры. В результате глобализации экологической и техногенной деятельности в будущем на территории страны может произойти масштабное угрожающее преобразование, истощение, загрязнение, нарушающее экологическую стабильность и равновесие горных ландшафтов и экосистем, поэтому в Киргизии стараются уделять большое внимание вопросам экологии, однако доля инвестиций в эту сферу остается до настоящего времени незначительной и не превышает 0,5% ВВП страны.

Киргизская Республика располагает относительно небольшими ландшафтами и экосистемами, занимающими территории с удобными для жизнедеятельности экологическими условиями, - всего около 20% территории страны. В этих ландшафтах сосредоточены преобладающая часть населения, почти всё промышленное и сельскохозяйственное производство. Именно эти ландшафты на текущий момент испытывают максимальное, местами неконтролируемое антропогенное воздействие. На территории горных ландшафтов и экосистем продолжается загрязнение атмосферного воздуха, поверхностных вод и почв, сохраняется экологическая угроза от промышленных и других видов отходов, продолжается огромное отрицательное воздействие на сохранность биологического разнообразия, остро стоит проблема сохранения площади горных лесов.

3.2. Современное административно-территориальное деление Киргизии.

Административно-территориальными единицами Киргизии считаются города, районы, а также сельские округа (кирг. айыл окмөтү), состоящие из одного или нескольких сёл. Административно-территориальное деление страны имеет 3 уровня. На первом уровне находятся два города республиканского значения и семь областей. В состав областей входят 13 городов областного значения и 40 районов. Город республиканского значения Бишкек делится на 4 внутригородских района. В состав областных районов входят айыльные аймаки (сельские аймаки), города районного значения и посёлки городского типа. Сельские аймаки подразделяются на сёла (айылы). Сёла и посёлки городского типа могут входить напрямую во внутригородские районы Бишкека и в города областного значения. Сёла могут входить не только в сельские аймаки, но и в города районного значения и посёлки городского типа. Таким образом, в настоящее время с состав Киргизии входят 2 города республиканского значения (Бишкек и Ош), 7 областей (Баткенская, Ошская, Джалал-Абадская, Таласская, Чуйская, Нарынская и Иссык-Кульская), 40 муниципальных районов, 28 городских и 423 сельских округа.

Вопрос о региональном членении Киргизии, по мнению специалистов, достаточно интересен и требует подробного рассмотрения. Может быть предложено несколько вариантов выделения в составе страны значимых регионов, имеющих существенные географические, экономические, социальные и культурные признаки.

В советских учебниках в составе Киргизии по географическому признаку традиционно выделяли следующие регионы: Чуйская долина, Таласская долина (Северо-Западная Киргизия), Иссык-Кульская котловина (Прииссыккулье), Центральный Тянь-Шань, Внутренний Тянь-Шань и Юго-Западная Киргизия. Каждый из данных регионов играл свою важную роль в системе народного хозяйства и социально-культурной жизни республики.

Схема административно-территориального устройства Киргизии

В настоящее время ярко выраженные диспропорции и дисбаланс в экономическом, социально-демографическом, общественно-политическом и культурно-образовательном развитии областей и городов Киргизии и высокий уровень централизации во всех сферах жизни привели, с одной стороны, к закреплению разделения севера и юга страны как двух основных её регионов, а с другой стороны - к противопоставлению столицы страны Бишкека и прилегающих к ней территорий всем остальным регионам.

Неравномерность развития регионов страны объясняется их специфическими особенностями, согласно которым можно выделить три условных группы регионов. Первую группу составляют город Бишкек, а также Чуйская и Джалал-Абадская области, обладающие достаточным промышленным, научным, образовательным и кадровым потенциалом и соответствующей ему базой и экономически хорошо развитые. Во вторую группу входят Иссык-Кульская, Ошская и Баткенская области, социально-экономическое развитие которых находится на среднем уровне, но это развитие неравномерное, так что по показателям отдельных отраслей и сфер жизни они соответствуют либо первой, либо третьей группе. Третья группа - это Нарынская и Таласская области, слаборазвитые регионы с практически отсутствующим промышленным потенциалом и значительной долей сельскохозяйственного сектора, которые можно рассматривать в качестве

Глава 3
ОСОБЕННОСТИ ГЕОГРАФИЧЕСКОГО ПОЛОЖЕНИЯ И ВОПРОС ТЕРРИТОРИАЛЬНОГО ЧЛЕНЕНИЯ КИРГИЗИИ

продовольственной базы страны. Таким образом, можно определить эти группы как центр, или центральную ось, ближнюю периферию и дальнюю периферию.

Разделение Киргизии на северный и южный, а точнее - на северо-восточный и юго-западный регионы имеет как географическую, так и социально-экономическую обусловленность и является в данный момент наиболее распространенным не только среди специалистов, но и среди простых людей, поэтому оно и принимается в данной книге за основу. Данные регионы Киргизии различаются по своим площадям, природно-экономическому потенциалу, количеству и составу населения и его размещению, структуре хозяйства и специализации, а каждый из них, в свою очередь, также внутренне неоднороден, что и будет подробно рассмотрено в последующих главах.

Благодатная Ферганская долина

С точки зрения регионоведения Евразии необходимо также отметить, что большую часть юго-запада Киргизии занимает Ферганская долина, которая сама по себе является важнейшим регионом в Центральной Азии, включающим территории Киргизии, Узбекистана и Таджикистана и обладающим ярко выраженными специфическими особенностями и большим геополитическим значением.

Глава 4 ЭКОНОМИКО-ГЕОГРАФИЧЕСКАЯ ХАРАКТЕРИСТИКА ЧУЙСКОЙ ОБЛАСТИ И ГОРОДА БИШКЕК

楚河州和比什凯克市的经济地理特征

楚河州位于吉尔吉斯斯坦共和国北部，是该国最发达的地区。吉尔吉斯斯坦首都比什凯克即位于该州。楚河州不仅是国家的经济中心，还是主要的人口移入区和交通枢纽。楚河州西北与哈萨克斯坦接壤，西南与塔拉斯州、南部与贾拉拉巴德州和纳伦州、东部与伊塞克湖州接壤。该州境内包括楚河谷地、琼克明盆地、苏萨尔盆地以及与两盆地接壤的山地。

除直辖市比什凯克的人口之外，目前楚河州的人口总数约100万人。2015年数据显示，楚河州人口占吉尔吉斯斯坦全国总人口的16%。该地区人口密度远远高于全国平均水平。

楚河州是吉尔吉斯斯坦共和国工业最发达的地区，在该国工业生产中占重要地位。该州的主要产业是有色冶金、工业建材、机械制造、金属加工、燃料和能源开采、轻工业、食品工业等。楚河州出口额占全国出口总额的40%以上。众多享有盛名的国内外大型企业都坐落在该州。除工业以外，楚河州的农业也非常发达，它是国家的主要粮仓。虽然面积仅占国土总面积的10%，但农产品产量却占全国农业总产量的三分之一。以农业生产为依托，该州的食品工业以及再加工工业得以充分发展。

比什凯克市位于吉尔吉斯山脉北麓，楚河盆地中央。该城的集约化发展始于苏联时期，目前仍在继续。比什凯克既是楚河州的首府，又是国家一个独立的行政单位。作为首都和直辖市，它是国家的社会、政治、经济、文化、科学中心，也是中亚地区的特大城市。目前，比什凯克生活着众多民族，其人口总数超过95万。

吉尔吉斯斯坦的制造业主要集中在比什凯克地区。该市企业生产的工业品占全国工业品产量的25%，企业范围涵盖所有工业生产领域，其中主要包括机械制造、金属加工、轻工业、食品工业以及能源产业。

比什凯克是一个地区贸易中心，是连接中国、哈萨克斯坦、俄罗斯的重要枢纽。

Глава 4
ЭКОНОМИКО-ГЕОГРАФИЧЕСКАЯ ХАРАКТЕРИСТИКА ЧУЙСКОЙ ОБЛАСТИ И ГОРОДА БИШКЕК

4.1. Общая характеристика Чуйской области.

Чуйская область располагается на севере Республики Кыргызстан и является наиболее развитым регионом страны. Здесь находится город Бишкек - столица Киргизии, поэтому Чуйская область считается центром страны, и именно сюда сходятся все экономические, миграционные и транспортные потоки.

Одним из главных богатств области является природа. Здесь среди величественных хребтов Киргизского и Заилийского Ала-Тоо сконцентрировано множество прекрасных долин и живописных ущелий (Ала-Арча, Аламедин, Кегеты, Конорчек, Суусамыр, Иссык-Ата, Чункурчак, Шамси, Белогорка и др.), которые привлекают в Чуйскую область любителей природы и активного отдыха из других областей страны и из-за рубежа.

Природный парк Ала-Арча открывает большие возможности и для альпинизма. Здесь находятся вершины высотой 4000-5000 м. и образованы специальные базовые лагеря. Истории о восхождениях к леднику Ак-Сай или живописному пику Корона часто с гордостью рассказываются в кругу ценителей горного туризма. Любители побороться с водной стихией оценят возможности для рафтинга. Сплав по бурным рекам Чу и Чон-Кемин с их крутыми порогами, который может длиться до десятка часов, не даст расслабиться и подарит необыкновенный заряд энергии и жизненных сил. Совершенно уникальна по своей природе Суусамырская долина, где можно испробовать многочисленные виды отдыха.

С северной и западной сторон Чуйская область граничит с Казахстаном, на юго-западе - с Таласской, на юге - с Джалал-Абадской и Нарынской, а на востоке - с Иссык-Кульской областями. В составе области находится 8 административных районов: Аламудунский, Жайылский, Кеминский, Московский, Панфиловский, Сокулукский, Чуйский и Иссык-Атинский. Помимо Бишкека, считающегося административным центром области, в области расположены города Токмок, бывший столицей области с 2003 по 2007 годы, Кант, Кара-Балта, Шопоков, посёлки городского типа Ак-Тюз, Кайынды, Кашка, Кемин, Орловка, 105 айыл окмётю и более 300 сёл, многие из которых достаточно крупные по меркам страны. До 1939 года на нынешней территории области создавались различные административно-территориальные образования (округ, кантон, волость и др.).

В 1939 году была образована Фрунзенская область, после упразднения которой в 1959 году здесь действовали различные районы республиканского подчинения, и ставшие основой для созданной 14 декабря 1990 года Чуйской области.

Численность населения Чуйской области по данным

Флаг Чуйской области

2015 года - 870,3 тыс. чел. (за исключением жителей Бишкека, которых к настоящему времени насчитывается почти миллион), или 16% от всего населения страны, занимаемая площадь равна 20,2 кв. км. Средняя плотность населения в области значительно выше, чем в целом по стране. Густонаселённые пункты расположены, в основном, вдоль автомобильной и железнодорожной магистрали Чалдыбар - Бишкек - Балыкчи, проходящей с запада на восток. Соотношение городского сельского населения - 25% к 75%. Население области многонационально: по данным 2010 года примерно 60% составляют киргизы, 20% - русские, 6% - дунгане, в пределах 1-2% - уйгуры, узбеки, казахи, турки, украинцы и азербайджанцы. Чуйская область имеет довольно своеобразную демографическую ситуацию. Исторически основной степной массив области был слабо заселён до появления здесь первых русских и украинских поселенцев в последней четверти 19-го века. Вследствие массовой миграции извне, киргизы на долгое время перестали составлять абсолютное большинство населения области. Массовое перемещение самих киргизов с горных районов в долины страны началось во второй половине 20-го века. Несмотря на массовый отток русских, украинцев и других некоренных национальностей после 1990 года, киргизы по-прежнему не составляют подавляющее большинство населения в большинстве районов области, что совершенно отличается от ситуации в других областях страны. Вследствие массовой внутренней миграции, особенно из южных районов страны, и естественного прироста киргизы впервые составили свыше половины населения области и Бишкека на рубеже 2000 года. Но в силу своего трансграничного положения в области все еще высока доля различных этноязыковых меньшинств. Хотя основная масса народов, переселившихся в Киргизию до и после Второй мировой войны, уже вернулась на родину, некоторые из них (корейцы, а также менее многочисленные даргинцы, лезгины, карачаевцы и др.) остались на территории республики и их численность возрастает. Кроме этого, в области довольно значительно присутствие народов, прибывших из Китая - дунган и уйгуров, а в последнее время и самих китайцев. В горных районах области, где расположены, в основном, типично киргизские села, плотность населения невысока, гораздо выше она в долинах и у государственной границы, вдоль реки Чу и её притоков. Для области, по сравнению с другими областями Киргизии, характерна средняя рождаемость, средний уровень смертности, невысокое значение естественного прироста, а также значительный уровень эмиграции за пределы Киргизии в последнее время (включая также и киргизов) и высокий уровень внутренней миграции киргизов из южных областей и горных сёл.

4.2. Особенности географического положения и природные ресурсы Чуйской области.

Территория области включает Чуйскую долину и межгорные впадины Чон-Кемин и

Глава 4
ЭКОНОМИКО-ГЕОГРАФИЧЕСКАЯ ХАРАКТЕРИСТИКА ЧУЙСКОЙ ОБЛАСТИ И ГОРОДА БИШКЕК

Суусамыр вместе со склонами окаймляющих их хребтов. Абсолютная высота колеблется от 550 м. (северная окраина села Камышановка Чуйской долины) до 4895 м. (Аламединский пик Киргизского Ала-Тоо). Значительную часть территории области занимает Чуйская долина, имеющая уклон в сторону северо-запада. Выше отметки 3500 м. начинается пояс скал, снегов и ледников. На востоке Чуйская долина переходит в Кичи-Кеминскую долину. Между горами Иле и Кунгей Ала-Тоо, на востоке, расположена долина Чон-Кемин. Вышеназванные горные хребты в восточной части сближаются друг с другом, образуя горный узел - Кемин-Челек. Восточнее долины Чон-Кемин расположено летнее пастбище Кок-Ойрок. Южную часть области занимает одна из крупных джайлоо - Суусамырская долина. Она расположена на высоте 2-3 тыс. м. По направлению к западу подножье долины постепенно повышается. Западная часть долины называется Дубан-Кечуу, центральная - Суусамыр, восточная - Западный Каракол.

Из полезных ископаемых в Чуйской области имеются золото (Талды-Булак, Далпран, Каматор), железо, титан, хром, никель, свинец, цинк, редкоземельные элементы (Ак-Тюз). Много также месторождений неметаллического происхождения: песок, глина, мергель, соль, тальк, гранит-сиенит, известь, мрамор, гранит, кварцит. В местах, расположенных ближе к тектоническим трещинам

Живописный вид на Суусамырскую долину у выезда из тоннеля Тоо-Ашуу

расположены минеральные и горячие источники (в ущельях Иссык-Ата, Аламедин, Ак-Суу).

Климат Чуйской области отличается разнообразием. На севере, в равнинной части, климат континентальный, сухой, лето жаркое, а зима умеренная, холодная. Средняя температура июля 17-25°С, января -7°С. Среднее годовое количество осадков 270-400 мм. Средняя июльская температура в высоко расположенной Суусамырской долине 13-14°С, январская -20°С, среднее количествово осадков - 350-370 мм. На склонах гор, по мере подъёма по высоте, температура воздуха понижается, а количество осадков увеличивается (на склонах отдельных гор, обращенных к северу и западу). На Киргизском Ала-Тоо имеется множество ледников с общей площадью 520 кв. км. Большинство из них расположено в центральной части хребта. Верховье реки Чон-Кемин считается крупным очагом оледенения.

Воды Чуйской области относятся к бассейнам рек Чу и Нарын. После выхода из ущелья Боом, в реку Чуй впадают правые притоки - реки Чон-Кемин и Кичи-Кемин, с северных склонов Киргизского Ала-Тоо - левые притоки: реки Шамшы, Кегети, Иссык-Ата, Аламудун, Ала-Арча, Джыламыш, Сокулук, Ак-Суу, Кара-Балта и др. Поскольку в настоящее время они полностью используются для орошения, то их воды не доходят до реки Чу. Река Суусамыр впадает в реку Кокомерен. В Чуйской долине имеются крупные ирригационные сооружения - водохранилища и каналы.

Альпинистский лагерь в национальном парке Ала-Арча

Почвенно-растительный покров Чуйской области различается в зависимости по высотной поясности. Равнинные участки Чуйской, Кичи-Кеминской и Чон-Кеминской долин, а также предгорные полосы охватывает полупустынно-сухостепной пояс. Из естественного растительного покрова встречаются типчаково-полынные степи, болотистые луга, камышовые и кустарниковые заросли (облепиха, барбарис, шиповник).

Предгорья, низкие и средние склоны гор занимают степные и лесо-лугово-степные пояса. В предгорьях распространены преимущественно типчаковые степи, пырей, разнотравные степи; выше - лугостепи и высокотравные луга. На освещенных склонах располагается степная растительность; на затенённых - луга, кустарники и редколесье. На склонах северной экспозиции (выше 1300 м.) растут заросли кустарников (шиповник, таволга, барбарис и др.) и лес. По ущельям Киргизской Ала-Тоо, в долине Чон-Кемин встречаются редколесья из ели, арчи, берёзы, клёна, рябины и других видов деревьев. Большую часть Суусамырской долины покрывают каштановые и светло-каштановые почвы, характерные для горностепного ландшафта (ковыль, пырей, полынь и др.). Субальпийские луга и лугостепи начинаются с высоты 2400 м. и отличаются пестротой растительного покрова. Альпийские луга

Река Чу и Орто-Токойское водохранилище

располагаются на высоте более 2800 м., из кустарников там встречаются лишь низкорослая рябина, некоторые виды шиповника, стелющаяся арча.

Глава 4
ЭКОНОМИКО-ГЕОГРАФИЧЕСКАЯ ХАРАКТЕРИСТИКА ЧУЙСКОЙ ОБЛАСТИ И ГОРОДА БИШКЕК

4.3. Основные отрасли экономики Чуйской области.

Чуйская область является самым промышленно развитым регионом Республики Кыргызстан и занимает основное место в промышленном производстве страны. Здесь сконцентрировано производство редкоземельных элементов иттриевой группы, кабельных изделий, оборудования для торговли и предприятий общественного питания, строительных материалов, извести, оконного стекла, шифера, картона, ковровых изделий, валяной обуви, сахара-песка, спирта, первичная обработка шерсти, цемента. С 90-ых годов 20-го века многие предприятия промышленности и сферы обслуживания были приватизированы и влияние государственной монополии снизилось, значительно зменилась структура производственной отрасли, усилилась рыночная конкуренция.

Кантский цементный завод

Основными отраслями промышленности области являются: цветная металлургия, производящая более двух третей всего объема продукции промышленности области, пищевая (12-15%), производство промстройматериалов (5-6%), машиностроение и металлообработка (2-3%), а также легкая, топливная и топливно-энергетическая промышленность.

Важное место в промышленности Чуйской области занимает выпуск следующей промышленной продукции: золота (Кара-Балта), редкоземельных элементов (Ак-Тюз, Орловка и др.), кабельных изделий (Кайынды), автобусов, стекла, картона, тканных шерстяных трикотажных изделий (Токмок), шифера и асбестоцементных труб (Кант), линолеума (Кемин), сахара-песка (Кайынды, Шопоков). В области также производится электроэнергия (Кеминский, Аламудунский районы), цемент (Кант), носки (Лебединовка), колбаса, молоко, мука, макароны, овощные консервы, виноградные вина и многое другое. Значительная часть этой продукции экспортируется в зарубежные страны и реализуется в других областях республики. Экспорт области составляет более 40% от общего объема экспорта страны и превышает импорт во много раз. В Чуйской области сосредоточено много крупных предприятий, известных по всей стране и за рубежом: например, Кара-Балтинский горнорудный комбинат, Киргизский химико-металлургичекий завод, Кантский цементный комбинат и др.

Наряду со своей промышленностью Чуйская область славится и сельскохозяйственной продукцией, область является основной житницей республики, общая площадь ее

Встреча делегации Республики Казахстан в международном аэропорту "Манас"

сельскохозяйственных угодий составляет более 1300 тыс. га, из которых более трети составляют пахотные земли. Чуйская область даёт треть валовой продукции сельского хозяйства страны, занимая всего 10% ее территории, в том числе более 30% зерна от общегосударственного объема, 90% сахарной свеклы, 20% картофеля, 40% овощей, 38% бахчевых культур, 24% мяса, 26% молока, 52% яиц. В сфере растениеводства сельское хозяйство в основном специализируется на сборе зерна, сахарной свеклы, на производстве семян зерновых и клевера, на выращивании овощей. В животноводческой области сосредоточено свыше 20% крупного рогатого скота страны, 80% свиней, 43% птицы. Развито также разведение лошадей, овец и коз.

Именно на основе сельскохозяйственного производства в области в достаточной мере развита пищевая и перерабатывающая промышленность. В регионе производится до 30% муки, более 90% сахара-песка, 30% водки и ликероводочных изделий, 50% минеральных вод, 37% пива от всего производства в стране.

Несмотря на то, что в Чуйской области проложена железная дорога общей протяженностью 270 км. (Чалдыбар - Бишкек - Балыкчи), для развития внешних и внутренних экономических связей основную роль играет автомобильный транспорт. Важнейшими автомобильными магистралями области являются трассы: Бишкек - Ош, Чалдыбар - Кара-Балта - Бишкек - Токмок - Балыкчи, Бишкек - Кара-Балта - Сосновка - Тунук (Суусамырская долина), Бишкек - аэропорт "Манас" - Камышановка, Бишкек - Алма-Ата и др. В перевозке пассажиров значительное место отведено воздушному транспорту: аэропорт "Манас", расположенный на территории области, связывает Чуйскую область и город Бишкек со всеми регионами страны и многими зарубежными странами. В западной части области проложен газовый трубопровод Мубарек - Бишкек - Алма-Ата, предназначенный для доставки природного топлива в города и крупные населённые пункты.

Природа области отличается

Башня Бурана - историко-культурный памятник мирового значения

своеобразной красотой, богата минеральными и термальными источниками и поэтому удобна для создания домов отдыха, развития туризма, лечебных учреждений, а также для организации международного альпинизма. Большой популярностью пользуются Иссык-Атинские лечебные термальные воды, а также природный парк Ала-Арча, также часто использующийся для проведения крупных спортивных соревнований международного уровня.

На территории области имеются археологические памятники древних времен - Георгиевский холм, относящийся к каменному веку, Аламудунская стоянка древних людей, стоянки сак-усуньского периода в Кара-Балте. Из археологических и архитектурных памятников средних веков сохранились городища Ашмара, Суйяб, Невакет, Баласагын, Ак-Бешим и др., а также множество статуй, изображающих древнетюркский этнос. Известным архитектурным памятником киргизского народа является Башня Бурана, включенная в список объектов Всемирного наследия ЮНЕСКО. Это самая древняя постройка в Средней Азии, которая расположена в 80 километрах от Бишкека и в 12 километрах от города Токмак на территории развалин городища Бурана.

4.4. Бишкек как столица Киргизии и центр северо-восточного региона страны.

Столица Республики Кыргызстан город Бишкек находится в центральной части Чуйской долины у северного подножия Киргизского хребта на высоте 750-900 метров над уровнем моря. Город возник во второй половине 19-го века возле крепости Пишпек и носил первоначально её имя. В 1897 году здесь насчитывалось всего 6,6 тысяч жителей. Лишь в центре располагалось несколько деревянных и кирпичных зданий, в основном же Пишпек начала 20-го века больше походил на пыльную деревню с глинобитными домами. Интенсивное развитие города началось во времена СССР. В 1926 году Пишпек был переименован в честь родившегося здесь известного революционера, полководца и государственного деятеля Михаила Васильевича Фрунзе, а в 1991 году городу было возвращено название Бишкек.

Бишкек, считаясь областным центром Чуйской области, образует в составе страны отдельную административную единицу. Это общественно-политический, экономический, культурный и научный центр Киргизии и очень крупный город по меркам Центральной Азии. На данный момент население Бишкека составляет более 950 тысяч жителей.

Празднование Дня города в Бишкеке

Вплоть до конца 19-го века Фрунзе оставался

На гербе Бишкека изображен снежный барс - символ смелости, воли и выносливости

преимущественно русскоязычным городом, однако демографическая ситуация в нём начала меняться уже в конце 60-х годов 20-го века. Демографический взрыв в киргизском социуме привел к началу массовой миграции киргизов из других регионов республики в столицу во второй половине 20-го века. После распада СССР русские перестали быть самым многочисленным этносом области, из-за массовой эмиграции их доля упала примерно до 20 % населения в городе и области. Киргизы сегодня составляют более половины населения города, живут преимущественно в южных и восточных районах. Но в столице по-прежнему довольно высока доля различных этноязыковых меньшинств.

Население Бишкека в последние годы растет стремительными темпами. По данным переписи еще 1999 года, в городе проживало 762 тыс. жителей, что было на четверть больше чем в 1989 году - 15,8 % населения страны и 45 % её городского населения. Основные демографические показатели города носят двойственный характер, так как демографическое поведение европейских и азиатских народов значительно различается. Для Бишкека, по сравнению с другими регионами страны, характерна умеренная смертность и рождаемость (хотя последняя несколько возросла по мере роста доли киргизов и других азиатских народов), и значительный уровень эмиграции за пределы Киргизии в последнее время (в том числе уезжающих на заработки в соседние Казахстан и Россию). Одновременно повысился уровень миграции киргизов из южных областей и горных сёл в поисках работы в столицу, где большинство находит работу на базарах и вещевых рынках. Быстро увеличивается число китайцев, ведущих бизнес на одном из крупнейших рынков Средней Азии "Дордой" и базаре "Кара-Суу". Рост населения столицы за счет миграции носит практически лавинообразный и неконтролируемый характер, что не могло не сказаться на ухудшении социально-экономической ситуации в городе.

Систему государственного управления и местного самоуправления города образуют городская государственная администрация, городской кенеш, районные органы исполнительной власти и местного самоуправления. В столице расположен парламент страны Жогорку Кенеш.

Бишкек является наиболее крупным доходообразующим субъектом Киргизии, что обусловлено высокой концентрацией в нем производственного сектора страны. Удельный вес промышленной продукции, выпускаемый предприятиями города, составляет около

Глава 4
ЭКОНОМИКО-ГЕОГРАФИЧЕСКАЯ ХАРАКТЕРИСТИКА ЧУЙСКОЙ ОБЛАСТИ И ГОРОДА БИШКЕК

25% в общегосударственном объеме, розничного товарооборота и платных услуг населению - порядка 50%, валовой продукции строительства - свыше 50%, во внешнеторговом обороте - порядка 70%. Причем, сохраняется их постоянный прирост. В Бишкеке производится около четверти ВВП республики.

Государственный флаг Республики Кыргызстан и памятник Манасу Великодушному на площади Ала-тоо

В столице имеются все отрасли промышленного производства. Основными среди них являются машиностроение и металлообработка, лёгкая и пищевая промышленность, энергетика. Крупные промышленные предприятия Бишкека расположены, в основном, на западе и востоке города.

Город Бишкек является региональным центром торговли, являясь важным узлом между КНР, Казахстаном и Россией. В Бишкеке функционирует крупнейший в Центральной Азии оптово-розничный рынок «Дордой», крупнейший авторынок «Азамат», а также ряд других рынков. В городе работают представительства таких крупных международных компаний, как Mercedes-Benz, Audi-VW, Sumitomo, Federal Express, DHL, UPS, LG-Electronics, Daewoo, Phillips, Siemens, Panasonic, Reemtsma, Coca-Cola, Samsung, Toyota, Kia и др.

Бишкек является крупнейшим научно-образовательным центром Киргизии. Здесь находятся Национальная академия наук Республики Кыргызстан, имеющая разветвленную сеть научно-исследовательских институтов, Киргизский национальный университет имени Жусупа Баласагына, Киргизско-Российский славянский университет, Американский университет в Центральной Азии, Международный университет Киргизии и многие другие.

Главное и любимое место отдыха и прогулок жителей и гостей столицы - это центр Бишкека. Здесь сосредоточено большинство музеев, галерей, магазинов, парков, скверов, площадей, ресторанов и кафе. Центральной площадью города является площадь Ала-Тоо, по периметру которой расположены Государственный исторический музей, памятник Дружбы народов, дубовый парк с музеем скульптур под открытым небом и Никольская церковь, старейшее здание города. В центре площади установлен памятник Манасу Великодушному.

Киргизский государственный академический театр оперы и балета имени А.

Бульвар Эркиндик осенью

Малдыбаева, Киргизский академический театр драмы и Русский академический театр имени Ч. Айтматова расположены в центральной парковой зоне таким образом, что все их можно обойти за короткое время.

В окрестностях Бишкека находится множество достопримечательностей: Байтыкская долина на южной окраине города, гора Боз-Пельдек (1395 м.), с вершины которой можно увидеть весь город, "Ханские могилы", старинное киргизское кладбище, расположенное у южного подножия горы, Государственный ботанический заказник Чон-Арык, Красногреченское городище в 38 км. к востоку от города и многие другие интересные и заслуживающие посещения места.

Глава 5 ЭКОНОМИКО-ГЕОГРАФИЧЕСКАЯ ХАРАКТЕРИСТИКА ДЖАЛАЛ-АБАДСКОЙ ОБЛАСТИ

贾拉拉巴德州的经济地理特征

贾拉拉巴德州位于吉尔吉斯斯坦西部地区，北邻塔拉斯州与楚河州，东邻纳伦州，南邻奥什州，西部与西南部与乌兹别克斯坦接壤。该州部分位于费尔干纳盆地，四面几乎都被山脉围绕。该州面积占国土总面积的17%。据2016年统计数据，该州人口占全国人口的20%，为吉尔吉斯斯坦人口第二大州、土地面积第三大州。该州主体民族为吉尔吉斯族，还有四分之一的人口为乌兹别克族，以及少量的俄罗斯族、土耳其族、塔吉克族。州首府为贾拉拉巴德市。

贾拉拉巴德州拥有丰富的燃料和能源资源。这里有在中亚地区最大的托克托古尔水库和大型水力发电站。这项工程可以称得上是真正的人造奇迹。该区域的纳伦河上分布着该国以水电站为主的所有主要的发电装置。该州巨大的水电资源储量能满足向中亚邻国输电的条件，巴基斯坦和中国也成为潜在客户。此外，金矿开采业在该州也是一个有前景的行业，该地区的矿床富含黄金。

贾拉拉巴德州是吉尔吉斯斯坦几个工业发达的州之一。该州境内有100多家大型企业，几乎覆盖了所有的产业，如电力、电子、煤炭、缝纫和制鞋行业、勘探和开采业（黄金、石油、煤炭、天然气等）、金属加工、农产品加工、木材加工、机器制造、建筑材料生产。贾拉拉巴德州的电力、有色金属、工业燃料开采在全国占据领先地位，作为主要产品的电力能源约占全国总产能的90%。

贾拉拉巴德州的农副产品主要有棉花、烟草、蔬菜等。大面积土地用于园艺和葡萄种植。大量饲养绵羊、山羊、奶牛、马、鸡等家畜家禽。

贾拉拉巴德州有许多历史文化遗址和博物馆，以及许多独特的自然保护区。从旅游业的发展来看，主要包括萨利-奇勒克（Sary-Chelek）湖、贾拉拉巴德温泉疗养区、阿尔斯兰博布核桃林、托克托古尔水库等风景名胜区。

5.1. Общая характеристика Джалал-Абадской области.

Джалал-Абадская область находится на западе Киргизии и является одной из трех областей, образующих южную часть страны, отличающуюся от северной как в территориальном, так и в этнокультурном и социально-экономическом аспектах. Джалал-Абадскую область часто называют "сакральной долиной", поскольку большая часть ее территории лежит в долине, и здесь можно посетить целый ряд древних мест, священных для мусульман. Это галерея петроглифов Саймал-Таш, историко-архитектурный комплекс Шах-Фазиль и другие достопримечательности. На протяжении многих веков люди глубоко почитают их и посещают с целью паломничества.

Область образована частью обширной Ферганской долины и окружена практически со всех сторон массивными горными хребтами. На западе она граничит с Узбекистаном. Население Джалал-Абадской области составляет более 1 млн. жителей.

Джалал-Абадская область поражает и восхищает разнообразием мест, которые можно посетить здесь в летний период. Эти места совершенно не похожи друг на друга, поэтому, совершив путешествие туда, можно получить неповторимый букет впечатлений.

Здесь построены крупнейшее в Центральной Азии Токтогульское водохранилище и мощная ГЭС, которые можно назвать настоящим рукотворным чудом. На территории области расположены все основные электрогенерирующие мощности страны (каскад ГЭС на реке Нарын). В то же время, живописным природным водным объектом является озеро Сары-Челек, которое входит в состав Сары-Челекского биосферного заповедника. Необходимо особо отметить и главную гордость области - орехово-плодовые леса Арсланбоб, являющиеся уникальными не только в масштабах страны, но и во всем мире. Пешие и конные походы по этим местам не оставят равнодушным ни одного путешественника.

Джалал-Абад обладает возможностями и для лечебно-оздоровительного туризма. Недалеко от регионального центра, города Джалал-Абад, находится одноименный курорт с минеральными источниками.

Заповедник Арсланбоб - настоящий орехово-плодовый рай

Джалал-Абадская область образована 21 ноября 1939 года. С 27 января 1959 года вошла в состав Ошской области. Вновь была выделена в качестве самостоятельной области 14 декабря 1990 года. На севере граничит с Таласской и Чуйской областями, на востоке - с Нарынской, а на юге - с Ошской областями, на юго-западе и западе - с Узбекистаном. По своему административно-территориальному

Глава 5
ЭКОНОМИКО-ГЕОГРАФИЧЕСКАЯ ХАРАКТЕРИСТИКА ДЖАЛАЛ-АБАДСКОЙ ОБЛАСТИ

делению область состоит из 8 районов (Аксыйский, Ала-Букинский, Базар-Коргонский, Ноокенский, Сузакский, Тогуз-Тороуский, Токтогульский и Чаткальский) и 68 сельских округов. В состав области входят 5 городов, 8 посёлков городского типа, более 400 сёл.

Общая площадь области составляет 33,7 тыс. кв. км. (16,9% от общей площади страны). Население области по данным 2016 года составляет 1146,5 тыс. чел., то есть примерно 20% населения Республики Кыргызстан. Таким образом, Джалал-Абадская область является второй по количеству населения и третьей по площади областью Киргизии. В населении области преобладают киргизы (около 70 %), до четверти населения составляют узбеки, имеется небольшое количество русских, турок и таджиков. Основная религия в области - ислам светского толка, с примесью шаманизма в среде киргизов. Русские и русскоязычные, как правило, православные и атеисты. Средний размер домохозяйства в области - 4,5 человека. В 1990-ые годы после массовой эмиграции русскоязычного населения, которое в области, впрочем, никогда не было особенно многочисленным, начались интенсивные миграционные процессы и среди киргизов, заключающиеся, в основном, в переезде последних в Чуйскую область и город Бишкек, а также в отъезде на заработки в Россию. Однако благодаря высокой рождаемости, население области продолжает последовательно увеличиваться достаточно высокими темпами. Плотность населения области несколько выше, чем по стране. Крупными городами области являются столица области Джалал-Абад (89 тыс. чел.), Таш-Кумыр (35 тыс. чел.), Майлуу-Суу (23 тыс. чел.), Кара-Куль (22,5 тыс. чел.), Кок-Джангак (10,5 тыс. чел.).

5.2. Особенности географического положения и природные ресурсы Джалал-Абадской области.

Значительная часть территории области расположена на Юго-Западном Тянь-Шане, небольшая (Тогуз-Тороская, Кетмень-Тюбенская долины) - во Внутреннем Тянь-Шане. Они состоят из высокогорья, среднегорья и низкогорья, горных гряд, возвышенностей, полосы адыров, предгорных и межгорных долин, которые ограничивают Ферганскую долину с севера. Самая высокая точка находится на отметке 4503 м. (пик Афлатун), а самая низкая - на отметке 600 м. на территории Базар-Коргонского района. По северо-западным, северным и восточным окраинам области тянутся высокие хребты, входящие в систему Западного Тянь-Шаня: Чаткальский

Дамба Курпсайской ГЭС

(юго-восточные склоны), Суусамыр-Тоо, Молдо-Тоо (южные склоны) и Ферганский (юго-западные склоны). Центральная часть области занята горными хребтами Кочкор-Тюбе, Ат-Ойнок, Исфан-Жайлоо, Чаак-Тоо, Бабаш-Ата, переходящим далее к юго-западу в предгорья с мягким рельефом. Предгорья, обрамляющие с севера Ферганскую долину, представляют чередование речных долин и возвышенностей - адыров, имеющих относительную высоту 100-400 метров. По долинам рек расположены равнины: Кёгарт, в которой находится центр области г. Джалал-Абад, Кара-Ункур, по названию одноимённой реки, Нанай по реке Пачата, Ала-Бука. В состав области входят обширные по площади обособленные межгорные долины: Кетмень-Тюбе, Тогуз-Торо, Чаткал. От основного массива области, обращенного к Фергане, Кетмень-Тюбенская и Тогуз-Тороская долины отделены высокими Ферганским и продолжающим его Ат-Ойнокским хребтами, а Чаткальская - одноимённым хребтом.

Джалал-Абадская область богата топливно-энергетическими ресурсами. На реке Нарын построен каскад ГЭС, включающий Курпсайскую, Таш-Кумырскую, Шамалдысайскую, Учкурганскую и Камбаратинскую ГЭС. Уголь добывается в Кок-Джангаке и Таш-Кумыре, а нефть и природный газ в Чангыр-Таше, Майлуу-Суу, Исбаскене, Кочкор-Ате. Кроме того, есть месторождения сурьмы (Терек), полиметалла (Сумсар), марганца (на нижнем течении реки Кара-Алма) и др. Из нерудных месторождений в области добывают озокерит (Майлуу-Сай), гипс (Сузакский район) и др. Используются термальные и минеральные источники (Джалал-Абад, Майлуу-Суу и др.). Территория области богата рекреационными ресурсами, которые привлекают туристов своей красотой: Арсланбоб, Кызыл-Ункур, Кара-Алма, Сары-Челек, Пачата.

Климатические условия области формируются общими факторами, характерными для всей приферганской части области. Однако, особенности строения гор способствуют смягчению влияния холодных арктических и континентальных воздушных масс. В тёплый период года высокие горные хребты значительно снижают пагубное воздействие на природу пустынь Средней и Центральной Азии. Однако, западные влажные воздушные потоки и их юго-западные, северо-западные течения довольно свободно проникают в Восточное и Северное Приферганье, поэтому здесь создаются благоприятные погодно-климатические условия для различных ландшафтных зон. Климат долин Кетмень-Тюбе и Тогуз-Торо, расположенных во Внутреннем Тянь-Шане, несколько отличается от климата Приферганской части области, так как сказывается влияние климата Ферганской долины с одной стороны, а с другой - Внутреннего Тянь-Шаня. В этих впадинах создаётся застой холодного горного воздуха, поэтому в этих впадинах средние максимальные температуры с декабря по февраль примерно на 10°С ниже, чем на других метеостанциях Южной Киргизии. Хотя режим выпадения осадков такой же, соотношение между количеством

Глава 5
ЭКОНОМИКО-ГЕОГРАФИЧЕСКАЯ ХАРАКТЕРИСТИКА ДЖАЛАЛ-АБАДСКОЙ ОБЛАСТИ

осадков и температурой различается. В зависимости от высоты места и особенностей рельефа, лето может быть жарким, тёплым, прохладным или холодным. Средняя июльская температура в предгорно-адырной зоне 22-25°С, в низкогорной 15-22°С, среднегорной 10-15°С и так далее. Первая половина лета дождливая, вторая половина и осень засушливые. Зимы, в целом, умеренно-холодные, со средними температурами в январе от -2°С до -15°С. Наиболее низкие температуры обычны в высокогорных впадинах, где происходит застой холодного воздуха. То же самое наблюдается зимой и в Ферганской долине, в связи с температурной инверсией: в горах теплее, чем во впадине.

Территория области отличается густотой речной сети. Наиболее крупные реки: Нарын, Чаткал, Карадарья. Реку Нарын прорезают отроги хребтов Ферганы и Чаак-Тоо. В пределах Джалал-Абадской области в реку Нарын впадают: слева - река Кок-Ирим, Кемпир-Ата, Ничке-Сай и др., справа - реки Тоолук, Торкен, Чичкан, Узун-Акмат, Кара-Суу и др. Долины этих рек глубоко прорезаны, их течения бурные, много порогов. На юге, на границе с Узбекистаном протекает река Карадарья с правыми притоками Чангет, Кёгарт, Кара-Ункур, Майлуу-Суу и др. На западе области - правые притоки Сырдарьи: Пачата, Чанач, Касан-Сай, Сумсар. Река Чаткал образуется в юго-западных склонах Таласского Ала-Тоо и в средней части долины она принимает правый приток Сандалаш, а немного ниже - левый приток Терс. Режим рек непостоянен, они имеют весенние и, главным образом, летние паводки, вызываемые таянием снегов и ледников в горах. Реки Джалал-Абадской области обладают большими запасами гидроэнергии. На реке Нарын построен каскад ГЭС с водохранилищами. Все реки используются для орошения поливных земель. На территории области имеются небольшие по размерам горные озёра. Образованы они во время сильных землетрясений в результате завалов, перегородивших речные долины. К их числу относятся озёра Сары-Челек, Кара-

Живописные виды озера Сары-Челек

Суу и другие более мелкие. Наиболее крупным из них является живописное озеро Сары-Челек, расположенное в северо-восточной части Чаткальского хребта, на высоте 1925 м. над уровнем моря.

Почвенно-растительный покров области отличается большим разнообразием и характеризуется вертикальной поясностью. Самые низкие участки области (от 500 до 900 м.) занимает пояс пустынь и полупустынь. При орошении их почвы очень плодородны и пригодны для возделывания самых разнообразных культур. Пояс степной растительности охватывает обширные пространства, занимая высокие адыры и отчасти низкогорья в пределах 900-1300 м. над уровнем моря. На высотах 1000-2200 м. находится лесо-степной пояс. Здесь орехово-плодовые леса чередуются с лугами. Огромное хозяйственное значение имеют уникальные по площади распространения орехоплодовые леса. Площади, занятые под ними на территории Джалал-Абадской области составляют около 70 тыс. га. Они расположены по предгорьям Ферганского и Чаткальского хребтов, обращенных к Фергане. По окраинам ореховых лесов распространены многие виды диких плодовых деревьев: груши, яблони, алыча, барбарис, шиповник, миндаль, виноград.

Токтогульское водохранилище - важнейший водный ресурс Республики Кыргызстан

Субальпийский пояс занимает значительную горную часть Джалал-Абадской области и располагается на высотах от 2000 до 3000 м. Здесь широко распространены субальпийские луга и лесная растительность, состоящая из елей, пихт, клёнов, берёз и других видов деревьев. Субальпийские луга являются хорошими летними пастбищами с продолжительностью использования до четырёх месяцев.

Альпийский пояс занимает наиболее высокие части хребтов и лежит выше 3000 м. над уровнем моря. Большую часть альпийского пояса занимают скалы и осыпи, лишённые растительного покрова, меньшую - альпийские луга. Пояс альпийских лугов имеет важное значение для выпаса скота, но на непродолжительный период.

5.3. Основные отрасли экономики Джалал-Абадской области.

Джалал-Абадская область является одной из промышленно развитых областей Республики Кыргызстан, на ее территории действует более 100 промышленных предприятий, которые представляют практически все отрасли промышленности: электроэнергетика, электроника, угольная, швейная и обувная промышленность, разведка и добыча полезных ископаемых (золото, нефть, уголь, газ и др.), металлообработка, переработка сельскохозяйственной продукции, деревообработка, машиностроение и производство строительных материалов.

Экономическое развитие области определяется развитием промышленности,

Глава 5
ЭКОНОМИКО-ГЕОГРАФИЧЕСКАЯ ХАРАКТЕРИСТИКА ДЖАЛАЛ-АБАДСКОЙ ОБЛАСТИ

сельского хозяйства, строительства, транспорта, коммуникационных связей, торговой и общепитовской отраслей, а социальное развитие - уровнем развития социально-бытовых и коммунальных услуг, образования, науки, здравоохранения, культуры и спорта. Эти сферы, в соответствии с условиями рыночной экономики, охвачены различными формами собственности, к которым относятся производственные и обслуживающие предприятия, организации (малые и совместные предприятия, кооперативы, акционерные общества, биржи и фирмы, крестьянские и фермерские хозяйства, а также частные крестьянские хозяйства) и другие виды хозяйствующих субъектов, ведущих самостоятельную деятельность.

Почтовая марка с изображением города Джалал-Абад

Основными отраслями промышленности в Джалал-Абадской области являются: электроэнергетическая отрасль, которая составляет почти 60% от общего объема промышленной продукции области, цветная металлургия (6,5%), топливная (16%), легкая (5,5%), машиностроительная (8%) и пищевая (3,5%). Электроэнергетика, цветная металлургия и топливная промышленность Джалал-Абадской области занимают в стране лидирующие позиции. Их основная продукция - это электроэнергия, составляющая около 90% от общегосударственного показателя, нефть, бензин, дизельное масло, мазут, газ, уголь, электрические лампочки, полупроводниковые материалы и др. В 1996 в Джалал-Абаде был введён в строй крупный нефтеперерабатывающий завод. В области также производятся мебель, строительные материалы, одежда, хлопковолокно, обувь, мука, мясо, молоко, прохладительные напитки, овощные консервы, растительное масло, ферментированные сигареты и другая продукция.

Нефтеперерабатывающий завод в г. Джалал-Абад

Крупнейшими промышленными предприятиями области являются Токтогульский каскад гидроэлектростанций, предприятия гидроэлектростанций в городе Таш-Кумыр и поселке Шамалды-Сай, совместное киргизско-канадское предприятие «Кыргыз Петролеум компани» (КПК), Майлуу-Сайский электроламповый завод, Макмальский золоторудный комбинат, акционерное общество «Кыргызмунайгаз», акционерное общество «Сары-Алтын» и др.

Одной из перспективных отраслей является золотодобывающая промышленность. На территории области имеются месторождения с высоким содержанием золота, например, разведаны и утверждены запасы Терекканского золоторудного месторождения. Правительством страны и области активно ведутся работы по созданию совместных предприятий с иностранными инвесторами по разведке и добыче золота.

Огромный гидроэнергетический потенциал Джалал-Абадской области создает условия для организации новых производств на базе местных материально-сырьевых ресурсов и увеличения экспорта электроэнергии соседним странам Центральной Азии, а в перспективе в Пакистан и Китай. Одним из наиболее благоприятных путей решения задач по повышению надежности энергоснабжения отдаленных регионов области является развитие малых ГЭС. На территории области имеется более десятка малых рек, использование потенциала которых при широком развитии сети малых ГЭС позволит повысить надежность и качество электроснабжения отдаленных высокогорных районов области, что создаст предпосылки для их развития и благоприятные условия для социально-экономического процветания всего региона.

Слиток волластонита

Джалал-Абадская область богата многими полезными ископаемыми. Общий запас каменной соли Шамшыкальского и Тогуз-Тороузского месторождений составляет более 100 млн. тонн. Добыча осуществляется открытым способом. Соль используется основном как кормовая, но есть возможность организовать производство пищевой соли, так как качество соли позволяет это, а страна пока, в основном, использует привозную пищевую соль. Из этой же соли можно получать другие виды химических соединений, использующихся во всех отраслях народного хозяйства.

В Чаткальском районе имеются крупные месторождения волластонита с прогнозными запасами в 40 млн. тонн, являющегося сырьем для производства высококачественного санфаянса и керамических изделий.

В сельском хозяйстве Джалал-Абадской области большая часть продукции производится крестьянством, которое специализируется на выращивании хлопка, табака и овощей. В последние годы на территории области выращивают сахарную свеклу и другие культуры для производства растительного масла. Животноводческая отрасль дает примерно треть от общего объема продукции сельского хозяйства, на постоянной основе воспроизводятся овцы, козы, коровы, лошади, курицы и другие домашние птицы.

Пригодная для сельского хозяйства земельная площадь составляет более 1800 тыс.

Глава 5
ЭКОНОМИКО-ГЕОГРАФИЧЕСКАЯ ХАРАКТЕРИСТИКА ДЖАЛАЛ-АБАДСКОЙ ОБЛАСТИ

га, из них около 10% являются пахотными, 0,3-0,5% занимают многолетние фруктовые деревья, 2% отведены для сенозаготовок и более 85% используются под пастбища. Всего под посевные выделяется более 140 тыс. га земли, из них большие площади отведены под зерновые, хлопок, табак, картофель и другие овощные культуры, в том числе кормовые, масличные и бахчевые. Кроме того, на территории области большие территории отведены под садоводство и виноградники. Крестьянское хозяйство Джалал-Абадской области производит значительные в масштабах страны объемы зерна (15% от общегосударственного показателя), хлопка (65%), табака (30%), картофеля (5%), бахчевых культур (30%), винограда (25%).

В Джалал-Абадской области развиты автомобильный, железнодорожный, авиационный и трубопроводный виды транспорта. Из них особое место занимает автомобильный транспорт. Главной транспортной артерией области является дорога Бишкек - Ош. Кроме этого маршрута в области есть другие важные трассы: Джалал-Абад - Казарман, Уч-Коргон - Кербен - Ала-Бука - Каныш-Кия и др.

На территории области есть железнодорожные линии Кара-Суу - Джалал-Абад - Кок-Джангак и Наманган (Узбекистан) - Уч-Коргон - Таш-Кумыр. Несмотря на свою ограниченную протяжённость, эти дороги играют важную роль в установлении экономических связей с другими странами. От посёлка Кочкор-Ата до Джалал-Абада проведена газопроводная линия. В Джалал-Абаде действует аэропорт, который связывает столицу области с Бишкеком и населенными пунктами области.

В Джалал-Абадской области есть много историко-культурных объектов и музеев, в Сузакском районе находится дом-музей известного акына и поэта-классика Барпы Алыкулова В Джалал-Абаде действуют областной драматический театр имени Барпы и областная филармония имени Т. Тыныбекова.

Территория области выделяется своей природной красотой, разнообразием полезных ископаемых, а также хорошо сохранившимися историческими памятниками. Около 90% реликтовых орехово-плодовых лесов страны находится именно в Джалал-Абадской области. С точки зрения развития сферы туризма стоит особо отметить первозданную природную красоту озера Сары-Челек и таких мест, как Арсланбоб, Кызыл-Ункур, Кара-Алма, Токтогульское водохранилище и др. На территории области есть стоянка

Шах-Фазиль - крупный историко-архитектурный комплекс среднеазиатского зодчества, сочетающий в себе памятники разных эпох.

древних людей - Кара-Суу, свидетельствующая о том, что здесь ещё в каменном веке жили люди. В области также находятся надписи на камнях и наскальные рисунки в Саймалуу-Таш (2 в. до н.э. - 8 в. н.э.) и Чаар-Таш, курган Торкенского могильника (1-5 вв.), остатки крепостных городищ Кулбес-хана, Чанчар-хана (10-12 вв.), а также развалины крепости в Тогуз-Торо, могильники Фазил-шаха (12 в.), Арстанбапа (16 в.), мавзолей пророка Ыдырыса (начало 19 в.), восстановленный мавзолей Курманбека-батыра, которые обладают большим потенциалом для привлечения туристов.

Глава 6 ЭКОНОМИКО-ГЕОГРАФИЧЕСКАЯ ХАРАКТЕРИСТИКА ИССЫК-КУЛЬСКОЙ ОБЛАСТИ

伊塞克湖州的经济地理特征

伊塞克湖州位于吉尔吉斯斯坦共和国东部，北部和东北部与哈萨克斯坦接壤，东部和东南部与中国接壤，但州内没有任何边境口岸。该州西部和西南部与纳伦州接壤，西北部与楚河州接壤。伊塞克湖州面积约占全国总面积的22%，人口约占吉尔吉斯斯坦总人口的9%（2005年），州首府是卡拉科尔市。

伊塞克湖地区经济发达程度处于中等水平，该地区拥有特殊的自然环境及矿产资源，终年不结冰的伊塞克湖是该地区最重要的自然资源。伊塞克湖是世界第二大高山湖泊，海拔1200多米，其宜人的湿润空气、湖滨浴场、大量的温泉和泥浴疗养地、湖滨疗养院是该州主要的旅游资源。伊塞克湖州将旅游业视为最重要的经济资源，力求成为世界上最具吸引力的疗养圣地。

伊塞克湖州工业的主要领域为食品业、饲料业、机器制造业和燃料工业。其采矿工业前景广阔。该地区富含金矿（库姆托尔金矿）、煤炭、锡、钨、铜、铋矿石、水泥原料、石灰石沉积物、砂砾矿、制璃材料等。

伊塞克湖州的农牧业以生产谷物、种植蔬菜以及养殖羊、牛、马为主。

6.1. Общая характеристика Иссык-Кульской области.

На северо-востоке Киргизии, в Иссык-Кульской котловине, обрамленной величественными горными хребтами Кунгей-Ала-Тоо и Терскей-Ала-Тоо, находится Иссык-Кульская область. Это настоящая жемчужина Тянь-Шаньских гор, потому что именно здесь расположено огромное прозрачное озеро неописуемой красоты. Побережье озера Иссык-Куль - это излюбленное место отдыха не только жителей Киргизии, но и гостей из множества зарубежных стран. Горный, но в то же время морской климат, сформировавшийся здесь, благоприятен для здоровья и позволяет наслаждаться спокойствием и безмятежностью.

Летом, в период отпусков и неимоверной жары, множество людей стремится сюда, чтобы отдохнуть на золотистых песчаных пляжах Иссык-Куля. Отдых на курорте не может не порадовать возможностями искупаться в теплой воде или принять солнечные ванны. Прибрежная зона, в особенности северный берег, славится своими отелями, пансионатами и домами отдыха. Город Чолпон-Ата, село Бостери и другие курортные населенные пункты всегда рады принять гостей.

Любители с головой окунуться в водную стихию найдут себе занятие по душе - дайвинг. При этом зачастую занятия дайвингом преследуют не только развлекательные, но и исследовательские цели. Озеро Иссык-Куль хранит в себе тайны целого ряда затонувших древних городов, которые еще предстоит разгадать.

Горы, окружающие озера, представляют большой интерес для любителей активного отдыха. Можно совершить пешую прогулку по одному из живописных ущелий (Чон-Ак-Суй, Семеновское, Джети-Огуз и др.), покататься на лошадях или пожить в юрте среди зеленых лугов, осуществить путешествие к геотермальным источникам, высокогорным озерам, водопадам и сыртам. Ближе познакомиться с кочевой культурой помогут охотники-беркутчи (село Боконбаево) и мастера-ремесленники (село Кызыл-Туу).

Поклонники альпинизма нередко приезжают на Иссык-Куль, чтобы совершить восхождение на знаменитые семитысячники Хан-Тенгри и Пик Победы, насладиться мощью и величием ледника Иныльчек, увидеть загадочное "исчезающее" озеро Мерцбахера.

Некоторые места могут многое рассказать об истории прошлых поколений и проживавших здесь народов (Музей Пржевальского, Дунганская мечеть, Свято-Троицкая церковь), другие помогут познакомиться с культурой древних людей (галереи петроглифов Орнок, Чолпон-Ата).

Иссык-Кульская область расположена в восточной части Республики Кыргызстан и была образована 21 ноября 1939 года. 27 января 1959 года была упразднена и восстановлена 11 декабря 1970 года. 5 октября 1988 года Иссык-Кульская область была объединена с Нарынской областью, и так было до 14 декабря 1990 года, когда они вновь были преобразованы в самостоятельные области. Административным центром области является город Каракол. В состав области входит 5 районов (Ак-Суйский, Джети-Огузский, Тонский, Тюпский, Иссык-Кульский), 3 города (Балыкчы, Каракол и Чолпон-Ата), 5 посёлков городского типа (Ак-Булак, Джыргалан, Кажы-Сай, Орто-Токой, Пристань - Пржевальск), 58 айыл окмёту, а также более 180 сёл. С севера и с северо-востока область граничит

Глава 6
ЭКОНОМИКО-ГЕОГРАФИЧЕСКАЯ ХАРАКТЕРИСТИКА ИССЫК-КУЛЬСКОЙ ОБЛАСТИ

с Казахстаном, с востока и с юга-востока - с Китаем, однако пункты перехода границ непосредственно в области отсутствуют, с запада и с юго-запада с - Нарынской областью, с северо-запада - с Чуйской областью.

Площадь Иссык-Кульской области 43,1 тыс. кв. км., что составляет 21,6% от площади страны. Население области по данным 2015 года - 463,9 тыс. чел., или 8,6% населения Киргизии. Наиболее крупные населенные пункты области - это города Каракол, Чолпон-Ата и Балыкчы. По своему составу население области интернациональное, большинство из них киргизы (более 85%), из других национальностей большое представительство имеют русские, казахи, уйгуры, калмыки, узбеки и дунгане. На 1 кв. км. в области приходится всего 10 человек, что в два с половиной раза меньше среднего показателя плотности населения по стране, однако распределение населения по области очень неравномерное, так в Иссык-Кульской долине, особенно в восточной её части, этот показатель доходит до 45-60 человек. По демографической характеристике примерно 40% населения области составляют дети, не достигшие трудоспособного возраста, 50% - трудоспособное население, 10% - люди пенсионного возраста.

6.2. Особенности географического положения и природные ресурсы Иссык-Кульской области.

Территория области, в основном, состоит из двух частей. Это Иссык-Кульская долина и Иссык-Кульский Сырт, окружённый с севера горами Терскей-Ала-Тоо, а с юга отделённый горами Какшаал-Тоо. Рельеф данной местности довольно сложный. Иссык-Кульская долина окружена с севера Кунгейскими, а с юга Терскейскими горными кряжами Ала-Тоо. На восточном и западном концах долины горные кряжи Кунгей и Терскей Ала-Тоо, окружающие её с двух сторон, вплотную приближаются друг к другу, образуя таким образом своеобразную закрытую горную котловину. Иссык-Кульская долина связана с Чуйской долиной через Боомское ущелье, расположенное на западе. По своим размерам долина занимает второе место в Центральной Азии после Ферганской долины. Центральную часть долины занимает озеро Иссык-Куль с примыкающими равнинными участками. Узкие береговые полосы вокруг озера покрыты мягким, удобным для пляжа песком. Временами встречаются и каменистые, покрытые щебнем, а также болотистые

Озеро Иссык-Куль - главное богатство Иссык-Кульской области и рай для туристов

берега. На юге гор Терскей Ала-Тоо расположен Сырт, представляющий собой отдельные равнины с более жёсткими климатическими условиями, так как эти платообразные места находятся значительно выше уровня моря. Два горных хребта, находящихся на территории области, на восточном конце расположены близко друг к другу и, слившись, образуют пик Хан-Тенгри. Здесь же расположен и самый высокий в Тенир-Тооских горах Пик Победы (7439 м. над уровнем моря).

Из полезных ископаемых в области имеются золото (Кумторское месторождение), уголь (Джергалан, Сёгёттю), олово (в долине реки Сары-Жаз), полиметаллы (Джергаланская группа полиметаллов), вольфрам, медь, висмутовые руды, цементное сырьё, известковые залежи, песочно-гравийные залежи, пригодные для производства стекла, и др. На базе множества термальных, минеральных источников, имеющих лечебные свойства, построены и продолжают работать бальнеологические курорты, санатории «Джети-Огуз», «Джергалан», «Ак-Суу», «Чолпон-Ата», «Голубой Иссык-Куль», «Тамга», «Киргизское взморье» и др. В области имеется множество лечебно-грязевых источников - в Покровке, Тамге, Джергалане, Кюрмёнтю, Чолпон-Ате, Чок-Тале, Улаколе и др.

Величественная вершина Хан-Тенгри на границе Киргизии, Казахстана и Китая

Климат напрямую связан с высотным расположением окружающих гор. Окружающие долину горные хребты не пропускают холодных воздушных масс, из-за чего незамерзающее круглый год горное озеро даёт долине дополнительный смягчающий, прохладный воздух, отличая атмосферу долины от климата других долин в системе гор Тенир-Тоо. Средняя июльская температура приближается к 18°C. Зима мягкая, на южном и северном берегах озера средняя январская температура составляет около -2°C, в западной части -4°C, на востоке до -10°C. Средняя годовая температура 6-7°C, максимально высокая температура 27-30°C, самая низкая от -12°C до -18°C. Воздушное течение, исходящее с западной стороны озера, обуславливает климатическое отличие западной и восточной частей долины, разное количество в них осадков. Вокруг города Балыкчи, расположенного на западе долины, ежегодно выпадает 110 мм. осадков, а на территории восточнее села Тюп годичная норма составляет 569 мм. осадков. На востоке бывает гораздо больше и снежных осадков. На западной стороне долины весна бывает прохладной, лето жарким, осень поздней, зимы морозными, но малоснежными. Летом по всей территории бывает много дождей, а зимой осадки выпадают гораздо реже. Иссык-Кульский сырт отличается резко континентальным

Глава 6
ЭКОНОМИКО-ГЕОГРАФИЧЕСКАЯ ХАРАКТЕРИСТИКА ИССЫК-КУЛЬСКОЙ ОБЛАСТИ

климатом, сухой и жёсткой погодой. Средняя годовая температура - от 3°С до 7°С. Зима долгая, средняя январская температура -2°С (максимально низкая температура до -40°С). В верховьях сырта годовая норма осадков составляет примерно 200-300 мм., в основном, в виде снежных осадков.

Воды берут начало со снежных, ледниковых горных вершин и вливаются в озеро Иссык-Куль, реки Сырдарью, Тарим, небольшой частью в чуйские реки. В озеро впадают 118 рек, а из озера не вытекает ни одна. Наиболее крупными реками являются Джергалан, Тюп, Каракол, Чон-Ак-Суу, Джети-Огуз и др., их воды используются для орошения. С северо- западной части долины протекает река Чуй, с востока - река Каркыра. На сырте Иссык- Куля начинаются реки Нарын и Сары-Жаз.

Глубины озера Иссык-Куль хранят множество тайн древних затонувших городов

Распространение видов растений связано с условиями и закономерностями высокогорья. Серия поясов в области начинается с западных равнинных берегов, которые выше переходят в полупустынные и луговые степи, на восточной части снизу вверх расположился пояс лесо-луговой степи. Лугово-степной пояс расположен в западной части долины в высоких подножьях и тенистых склонах среднегорья, а на восточной части - на равнинах. Леса состоят из елей и кустарников, между которыми растут травянистые злаковые растения. Леса Терскей-Ала-Тоо относятся к парковому типу: ели растут поодиночке или группируясь. Нижняя граница субальпийского пояса находится на западе и востоке долины примерно на одинаковой высоте (3000-3200 м.). Вдоль побережья озера Иссык-Куль в поймах рек растут камыш, осока и дикий ячмень, в сухих местах - облепиха, смородина, шиповник, чай. В поймах рек растут таволга, облепиха, берёзы. Растительность, как правило, не образует сплошного пояса.

6.3. Основные отрасли экономики Иссык-Кульской области.

Иссык-Кульская область в стране по экономическим показателям развита на среднем уровне, отличается особыми природными условиями и своими полезными ископаемыми. Главным богатством региона является не замерзающее круглый год озеро Иссык-Куль, являющееся вторым по величине в мире из горных озер, находящихся выше 1200 метров над уровнем моря, его пропитанный морской влагой приятный воздух, пески на озёрных прибережьях, множество термальных и минеральных вод, лечебные грязи, построенные на берегах озера санатории, перспективные курортные и рекреационные ресурсы. Сейчас в Иссык-Кульской области наряду с санаторно-курортными комплексами работает и множество домов отдыха, пансионаты, детские лагеря отдыха и туристические альпинистские базы, поэтому область имеет наиболее развитую в стране туристическую отрасль, которая, впрочем, имеет гораздо больший потенциал, но испытывает закономерные сложности, связанные с общим отставанием Киргизии в области обеспечения туристов современной инфраструктурой, связью и сервисом.

У Иссык-Кульской области, по мнению экспертов, есть возможность за счёт превращения рекреационного обслуживания, особенно туризма, в важнейшую отрасль своей экономики превратиться в перспективе в один из самых привлекательных и востребованных курортных регионов мира. Для этого здесь есть в достаточном объёме необходимые компоненты: красивая природа и природные богатства. Промышленность, сельское хозяйство, строительство, транспорт и другие отрасли области в перспективе будут развиваться с учётом обслуживания рекреационных комплексов. Для привлечения иностранных инвестиций, введения в производство новых технологий, поднятия экономического и социального уровня в центре области в 1994 году была организована Свободная экономическая зона "Каракол". Несмотря на то, что СЭЗ "Каракол" в какой-то мере способствует выпуску товаров народного потребления и их реализации, переработке сельскохозяйственной продукции и организации туристических походов, её влияние на развитие экономики области и страны пока ещё очень незначительно.

Рудник Кумтор - самый высокогорный рудник в мире

Основными отраслями промышленности Иссык-Кульской области являются производство продуктов питания, производство муки и кормов, машиностроение и топливная промышленность. Большие перспективы в области имеет горнорудная промышленность. В районе реки Сары-Жаз разведаны большие запасы золота, олова, меди, свинца, полиметаллов, вольфрама, тантала, ниобия, молибдена и других полезных ископаемых, однако построенный на базе Сары-Жазского оловянного месторождения рудоперерабатывающий комбинат по разным причинам так и не заработал в полную мощность. В конце 1996 года приступил к работе Кумторский золоторудный комбинат, являющийся крупнейшим в регионе. Кумторское золоторудное месторождение расположено в сыртах Джети-Огузского района на высоте 3500-4150 м. над уровнем моря,

Глава 6
ЭКОНОМИКО-ГЕОГРАФИЧЕСКАЯ ХАРАКТЕРИСТИКА ИССЫК-КУЛЬСКОЙ ОБЛАСТИ

что делает Кумторский рудник самым высокогорным в мире. Помимо этого, Кумтор является третьим по запасам золота месторождением в мире. Добычей руды и переработкой занимается совместная киргизско-канадская компания.

Сельское хозяйство Иссык-Кульской области специализируется на производстве зерна, картофеля, выращивании овощей, на воспроизводстве овец, коров, лошадей. Площадь пригодной к сельскохяйственной деятельности земли составляет почти 1600 тыс. га (37% от общей площади области), из которых 12% являются пахотной землёй, менее 1% заняты под многолетние плодоовощные и другие культуры или используются для заготовки сена, а 77% отданы под пастбища. Более половины посевных площадей занято зерновыми, значительные объемы отданы под картофель и другие овощи, технические растения и кормовые культуры. Во всех хозяйствах области, находящихся в разных формах собственности, числится 12-15% поголовья крупного рогатого скота Киргизии, 16-17% овец и коз, 15-16% свиней, 16-17% лошадей, 10-12% домашней птицы.

В области имеются автомобильные, железнодорожные, воздушные и водные пути сообщения. Общая протяжённость автомобильных дорог составляет более 7 тыс. км. Основная автомагистраль построена вокруг озера Иссык-Куль: Балыкчи - Чолпон-Ата - Тюп - Каракол - Кызыл-Суу - Боконбаево - Балыкчи, общая протяжённость которой составляет 450 км. С этой дорогой связаны почти все населённые пункты области, перевозится основная часть грузов и большинство пассажиров. На западе области через Балыкчи проложена дорога Бишкек - Токмок - Балыкчи - Нарын - Торугарт, на востоке есть дорога Тюп - Талды-Суу - Кеген (Казахстан). Автомобильная дорога Барскон - Кара-Сай - Ак-Шыйрак - Энилчек - Каракол связывает озёрные берега долины с сыртом области, по этому маршруту осваиваются разработка золота, цветных металлов, строительных материалов и других полезных ископаемых. Значение этой дороги велико и в использовании летних пастбищ. В отличие от других регионов страны в области имеются водные пути и водный транспорт, который имеет большие перспективы. Воздушные пути области имеют важное значение для перевозки почтовых отправлений. В городах Каракол и Чолпон-Ата имеются аэропорты. Воздушные пути сообщения области связывают область с городами Бишкек, Джалал-Абад, Ош, Баткен, а также со столицей Узбекистана - Ташкентом и бывшей столицей Казахстана Алма-Атой.

Памятник у могилы Н. М. Пржевальского в Пристань-Пржевальске

В Караколе работают Иссык-Кульский государственный университет им. Касыма Тыныстанова и драматический театр, есть историко-краеведческий и другие музеи. В городе Чолпон-Ата расположены Иссык-Кульский государственный историко-культурный музей-заповедник и Дом-музей казахского писателя-классика Мухтара Ауэзова.

В Иссык-Кульской области сохранилось множество историко-археологических памятников: наскальные рисунки эпохи палеолита (6-4 тысячелетие до н.э.) в верховьях реки Сары-Жаз, принадлежащие к древней кочевой культуре, Сако-Усуньские памятники раннего железного века (7-5 вв. до н.э.), коллекция древней утвари (Таштакская, Кырчынская, Челпекская бронзовая утварь), памятники, принадлежащие древним тюркам (6-10 вв.), древние городища. Эти археологические памятники свидетельствуют о развитии древних цивилизаций, об истории местных племён, о поддержке населением данных территорий торгово-экономических и культурных связей с Востоком и Западом через Великий Шёлковый путь. Большое количество памятных мест связано в области с деятельностью Николая Михайловича Пржевальского, известного русского ученого и путешественника, умершего в Караколе от брюшного тифа и похороненного по его желанию на берегу озера Иссык-Куль.

Глава 7 ЭКОНОМИКО-ГЕОГРАФИЧЕСКАЯ ХАРАКТЕРИСТИКА ОШСКОЙ ОБЛАСТИ И ГОРОДА ОШ

奥什州的经济地理特征

奥什州位于吉尔吉斯斯坦的南部，西邻巴特肯州，北接贾拉拉巴德州，东北部与纳伦州交界。该州东部与中国比邻，南部与塔吉克斯坦接壤，西北部与乌兹别克斯坦交界。数据显示，2015年奥什州的人口超过120万，城市人口约占总人口的25%。按照吉尔吉斯斯坦的标准，奥什州人口稠密，人口密度几乎是全国平均水平的两倍。

奥什州是一个多民族的地区。由于邻近乌兹别克斯坦和塔吉克斯坦，当地有很多操不同语言的少数民族。他们多半是突厥人，信奉伊斯兰教。当地三分之二的经济产值来自于农业生产。农业生产总额远高于国平均水平。奥什州大部分地区为平原地带，气候干燥，是国内重要的农耕区。当地的水果和蔬菜畅销国内外。农业生产是当地的经济支柱，农业生产总值在全国七大州中排名第二位，仅次于楚河州。

在工业领域的产业结构中，该州90%以上为加工业。工业生产的领先领域主要是以当地农业原材料为基础的产品加工。吉尔吉斯斯坦的丝绸、棉织物产品几乎都是在这里生产的，棉纱、棉纤维、民族头巾、蒙古包、植物油、发酵烟草等产品也占有很大的份额。

该地区拥有众多文化和历史古迹，以及美丽多样的自然景观，为旅游业的发展创造了巨大的潜力。

州首府奥什市是国家重要的工业、教育、文化中心。该市是吉尔吉斯斯坦西南地区最大的城市，被称为吉尔吉斯斯坦的"南都"。奥什市自古以来便是中亚地区的伊斯兰教中心之一，以市中心的古代清真寺及苏莱曼山闻名。苏莱曼山是传统的朝圣地。古奥什是伟大的丝绸之路上的重要节点。丝绸之路有两条主要的线路通过奥什州——丝绸之路南线与费尔干纳线。奥什、乌兹根是当时两个大型贸易城市，许多商队来往于其间。2000年在联合国教科文组织的支持下，吉尔吉斯斯坦隆重庆祝了奥什市建市"三千周年"。

7.1. Общая характеристика Ошской области и города Ош.

Ош - это сердце южной Киргизии. В эпоху Великого Шелкового Пути, соединявшего страны и народы Востока и Запада, через Ошскую область проходили две его основные ветви - Южная и Ферганская. Ош и Узген были в то время крупными торговыми городами, через которые проходили вереницы караванов. Купцы останавливались здесь не только чтобы обменяться диковинными товарами, но и чтобы найти надежное и удобное пристанище для отдыха и пополнить продовольственные запасы. Это были настоящие оазисы, которым многие путешественники оставались благодарны после долгой и изнуряющей дороги. Народы, встречавшиеся здесь, перенимали друг у друга элементы культуры, традиции и обычаи. Тогда и начала формироваться знаменитая на всю страну и всеми любимая вкуснейшая ошская кухня.

И сейчас из Ошской области можно попасть в одну из трех соседних стран - Китай, Таджикистан или Узбекистан. Население региона составляет более 1 100 000 жителей. Ошская область, находясь большей частью на равнине и имея жаркий климат, является важнейшим земледельческим районом страны, а овощи и фрукты, выращенные здесь, продаются по всей стране.

Многие путешественники приезжают в Ошскую область, чтобы поближе познакомиться с ее уникальной историей и культурой, значительно отличающимися от остальных регионов Киргизии. В области много мест для культурно-познавательного туризма (Ош, Узген, Гульча, Сары-Таш и др.). В столице области можно посетить краеведческий музейный комплекс "Великий Шелковый Путь", открытый к празднованию трехтысячелетнего юбилея города на восточной стороне горы Сулайман-Тоо. Из некоторых сел можно совершить пешую или конную прогулку по ближайшим ущельям. Алайская долина знаменита своими прекрасными джайлоо - летними пастбищами кочевников.

Священные для мусульман места часто становятся объектами паломничества. Это мечети и мавзолеи в Узгене, священная гора Сулайман-Тоо в Оше, водопад Абшир-Ата в долине Абшир-Сай.

Поклонники горного туризма могут попробовать себя в покорении широко известного семитысячника - пика Ленина. Для удобства спортсменов в теплое время года функционирует базовый лагерь Ачык-Таш. Несмотря на то что подниматься нужно

Краеведческий музейный комплекс "Великий Шелковый Путь" в городе Ош

Глава 7
ЭКОНОМИКО-ГЕОГРАФИЧЕСКАЯ ХАРАКТЕРИСТИКА ОШСКОЙ ОБЛАСТИ И ГОРОДА ОШ

достаточно высоко, здесь проложено несколько десятков маршрутов различной сложности, что привлекает сюда не только профессиональных альпинистов, но и любителей.

Ошская область была образована 21 ноября 1939 года. В конце 1990 года в связи с образованием новых областей из неё была выделена Джалал-Абадская область, а 13 октября 1999 года была образована Баткенская область, в которую были включены бывшие Баткенский, Кадамжайский и Лейлекский районы Ошской области и города Кызыл-Кия и Сулюкта.

Нынешняя территория Ошской области занимает южную часть страны и граничит на западе с Баткенской, на севере с Джалал-Абадской, на северо-востоке с Нарынской областями, на востоке с КНР, на юге с Таджикистаном и северо-западе с Узбекистаном.

Административно-территориальный состав области в настоящее время включает семь районов (Алайский, Араванский, Кара-Кулджинский, Кара-Сууский, Ноокатский, Узгенский и Чон-Алайский), а также три города, в том числе один город республиканского подчинения (Ош), два города областного подчинения (Кара-Суу и Узген), два посёлка городского типа (Найман, Сары-Таш), 79 айыл окмөтү, 469 сельских населённых пунктов. Площадь области равна 29,2 тыс. кв. км. Областным центром является город Ош, самый большой город юго-западного региона страны, имеющий официальный статус "южной столицы" Республики Кыргызстан.

Численность населения области по данным 2015 года составила 1228,4 тыс. чел., с городским населением, составляющим примерно 25% от общей численности населения. Ошская область является густо населенной, на квадратный километр приходится 42 человека, притом что средний показатель по стране менее 25 человек. Городские населённые пункты области: города Ош (232,4 тыс. чел., в том числе в таких сельских населённых пунктах, как Жапалак, Озгюр, Тёлёйкён и прочих, подчинённых г. Ош, проживает 23,9 тыс. чел.), Узген (41,5 тыс.), Кара-Суу (19,1 тыс.), Найман (1,8 тыс.), Сары-Таш (1,5 тыс.).

Празднование Нооруза на площади перед зданием мэрии города Ош

Население области многонациональное. В силу своего приграничного положения рядом с Узбекистаном и Таджикистаном, в области довольна высока доля различных этноязыковых меньшинств, хотя почти все они в настоящее время имеют преимущественно тюркско-азиатское происхождение и являются мусульманами. В общем, основные группы по национальности представлены киргизами (69% от общей численности по переписи населения 2009 года) и узбеками (28%), которые, например, составляют большинство в Араванском районе, также в области проживают уйгуры, турки, таджики, азербайджанцы, татары, русские и другие народы. Из общей численности населения области около 45% составляют молодые люди до 16 лет, более 50% - люди трудоспособного возраста, а число пенсионеров достаточно небольшое - 7,0%.

Несмотря на выезд из области в первую половину 90-х годов русскоязычного населения и других национальных меньшинств, общая численность населения между переписями 1989-го и 1999-го годов значительно увеличилась, что отражает более высокую рождаемость по сравнению с другими областями страны. В настоящее время в области продолжаются активные миграционные процессы. Основной отток выбывших приходится на Россию (53,2% от внешнего миграционного оттока), Узбекистан (40,6%), Казахстан (3,4%) и дальнее зарубежье (2,2%). Внутри республики из Ошской области выезжают, в основном, в Чуйскую область и в Бишкек.

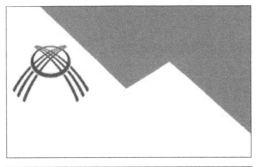

На флаге столицы области изображен узнаваемый силуэт горы Сулайман-Тоо и тундук - символ отчего дома

В области существует достаточно серьезная проблема с безработицей, доля безработных в численности экономически активного населения сокращается слишком медленными темпами. Трудоустройство по-прежнему осложняется достаточно высоким разрывом между вакансиями и предложением рабочей силы. Две трети экономически активного населения области трудится в сельском хозяйстве, что очень сильно превышает средний показатель по стране и свидетельствует о специфике данного региона. В образовании занято около 8% экономически активного населения, в торговле, ремонте автомобилей и изделий домашнего пользования - 7%, в промышленности всего 5%, в здравоохранении и сфере социальных услуг - 3,9%, транспорте и связи - 2,7%, в сфере госуправления - 2,5%, строительстве - 1,3% и прочих коммунальных, социальных, персональных и других видах услуг - 3,2%.

7.2. Особенности географического положения и природные ресурсы Ошской области.

Ошская область расположена в горах Памиро-Алая и Западного Тенир-Тоо, в бассейне рек Амударья и Сырдарья. В целом, климат континентальный, преобладает полупустынная,

Глава 7
ЭКОНОМИКО-ГЕОГРАФИЧЕСКАЯ ХАРАКТЕРИСТИКА ОШСКОЙ ОБЛАСТИ И ГОРОДА ОШ

горно-степная и луговая растительность. Рельеф области имеет горный характер, с колебаниями высот от 500 м. на севере до 7000 м. над уровнем моря на юге, межгорные долины и впадины находятся на высоте от 900 до 3000 м. над уровнем моря Отличительной чертой рельефа является сложное сочетание высоких гор, невысоких возвышенностей - адыров и внутригорных впадин, расположенных на различных абсолютных высотах над уровнем моря. Южная часть Ошской области занята хребтами системы Памиро-Алая - Алайским и Чон-Алайским, северо-восточная часть - Ферганским хребтом, относящимися к горам Западного Тенир-Тоо, северная часть - южной окраиной Ферганской долины и предгорьями окружающих её хребтов.

Северный склон Алайского хребта до 6000 м. высоты, обращенный к Ферганской долине, пологий и осложнён серией резко выраженных продольных хребтов, южный, обращенный к Алайской долине - относительно короткий и крутой. Южнее, отделяясь от нее Алайской долиной (3000 м. над уровнем моря), возвышается Чон-Алайский хребет (высшая точка Памиро-Алая - пик Ленина - 7134 м. высоты), северные склоны которого принадлежат области, а южные - Горному Бадахшану. Все эти хребты имеют альпийские формы рельефа, склоны их изрезаны долинами рек, а самые высокие части гор покрыты вечными снегами и ледниками.

Ферганский хребет (высшая точка массива - Уч-Сейит, в бассейне р. Тар - 4948 м. над уровнем моря) образует северо-восточную границу области. Его длинные пологие юго-западные склоны прорезаны реками и заполняют весь северо-восток области. На юго-востоке Ферганского хребта расположены хребты Алай-Куу (высотой до 5300 м.) и Академика Адышева (4785 м.). Самая северная часть области - окраина

Пик Ленина - главная вершина Памиро-Алая

Ферганской котловины - занята полосой адыров, прорезанных долинами рек, берущих начало с Алайского хребта. Здесь имеются залежи бурого и каменного угля (Алмалык, Узген и др.), горячие и минеральные источники (Узген, Кара-Шоро и др.), строительные материалы.

Климат области формируется под воздействием воздушных масс умеренных широт, господствующих здесь, главным образом, в зимнее время года, и тропических масс, образующихся над Средней Азией в летнее время. Большое значение имеют западные воздушные течения, несущие значительное количество влаги, которая выпадает, главным образом, на западных и северо-западных склонах гор, обращенных навстречу воздушным потокам (Ферганский хребет и др.). Относительной особенностью климата является высотная поясность. На высоте от 600 до 1100 м. климат тёплый, полупустынный. Зима умеренно тёплая (средняя температура в январе -3°C), короткая. Лето жаркое (средняя температура июля 24-25°C), засушливое. Максимальная температура достигает 40°C. Осадков выпадает около 200 мм. в год с максимумом в зимнее время. На высоте 1100-2000 м. климат умеренно-теплый. Зима прохладная (средняя температура января -7°C), лето теплое (средняя температура июля 20°C). Осадков выпадает 400-600 мм. в год, наибольшее их количество приходится на весну. Выше 2000 м. и до 3000 м. климат умеренный. Зима довольно холодная, продолжительная, лето прохладное. В верхних частях гор (свыше 3000 м.), климат холодный (средняя температура июля ниже 10°C).

Очень важное значение имеют водные ресурсы Ошской области, которые весьма значительны. Самой крупной рекой области является Карадарья, которая, начинаясь двумя источниками - Кара-Кулжа и Тар, сливается в пределах Узбекистана с р. Нарын, образуя р. Сырдарью. Питание Карадарьи и всех рек, начинающихся в районе Ферганского хребта преимущественно снеговое. Другие реки бассейна Сырдарьи, берущие начало со склонов Алайского и Кичи-Алайского хребтов: Ак-Буура, Араван-Сай и др., до Сырдарьи не доходят, так как по выходе в Ферганскую долину (Узбекистан, Таджикистан), целиком разбираются на орошение; все они имеют ледниковое питание с максимальным расходом воды в июне и июле. Горные реки являются главными источниками орошения и обладают огромным гидроэнергетическим потенциалом, частично используемым гидроэлектростанциями.

В области насчитывается более 1,5 тыс. ледников, наибольшее количество которых сосредоточено на северном и южном склонах Алайского хребта.

Растительность области так же, как и почвы, подчинена высотной поясности и отличается большим разнообразием.

Конноспортивные состязания у подножия горы Сулайман-Тоо. Город Ош. (Архивное фото)

7.3. Основные отрасли экономики Ошской области.

Среди регионов страны уровень экономического развития Ошской области по основным показателям, рассчитанным на душу населения, находится ненамного ниже среднегосударственного показателя и характеризуется как средний. В результате

Глава 7
ЭКОНОМИКО-ГЕОГРАФИЧЕСКАЯ ХАРАКТЕРИСТИКА ОШСКОЙ ОБЛАСТИ И ГОРОДА ОШ

проведения в стране социальных и экономических реформ, произошли структурные преобразования отраслей реального и социального сектора и сложилась многоукладная рыночная экономика с частной, коллективной и государственной формами собственности.

Почти половина из зарегистрированных хозяйствующих субъектов зарегистрирована в сельском хозяйстве, треть - в сфере торговли, ремонте автомобилей и изделий домашнего пользования, а на долю промышленности приходится не более 10%.

В отраслевой структуре промышленности области, в отличие от других регионов страны, основными являются такие обрабатывающие отрасли, как лёгкая, пищевая, мукомольно-

Хлопок - одно из главных сокровищ Киргизии

крупяная и комбикормовая промышленности, производящие более 90% объёма продукции (в отраслевой структуре промышленности республики их суммарный удельный вес составляет примерно 25%). Эти отрасли области также занимают значительное место и по стране: по объёму продукции мукомольно-крупяной и комбикормовой промышленности удельный вес Ошской области в 2000 составил 36,2%, лёгкой - 32,0% и пищевой - 11,4%. Оставшуюся часть продукции производят электроэнергетическая и топливная промышленность, машиностроение и металлообработка, лесная деревообрабатывающая и целлюлозно-бумажная промышленность и др.

В легкой промышленности определяющую роль имеет текстильная промышленность, где производится почти 99% продукции этой отрасли. Она занимает ведущее место в производстве хлопчатобумажной ткани не только в Ошской области, но и республике в целом.

В пищевой промышленности на долю пищевкусовой подотрасли приходится 98% объема производства всей продукции. Предприятия пищевой промышленности производят широкий ассортимент товаров для внутреннего рынка и на экспорт - кондитерскую и хлебобулочную продукцию, масложировые, ликероводочные изделия, выпускают потребительские товары мясного, маслосыродельного, молочного, табачно-

Большая часть калпаков, национальных головных уборов, производится в Ошской области

махорочного назначения. Наибольшей доход в составе подотрасли приносит табачно-махорочная продукция.

Ведущие отрасли промышленного производства области, в том числе крупные предприятия, в основном, работают на базе местного сельскохозяйственного сырья и по производству продукции этих отраслей данный регион играет значительную роль в стране. Здесь производится почти весь объем шёлковой и хлопчатобумажной ткани Киргизии, значительны доли такой продукции, как хлопчатобумажная пряжа, хлопковое волокно, национальные головные уборы - калпаки, юрты, растительное масло, ферментированный табак. Кроме этого, высок удельный вес области по стране в производстве центробежных насосов для перекачки жидкостей, электродвигателей переменного тока, бытовых электронагревателей. Это свидетельствует о заметной роли машиностроения и металлообработки в промышленном производстве не только в области, но и в стране в целом.

Ошский базар - любимое место местных жителей и гостей города

Промышленные предприятия области, в основном, размещены в Оше, Кара-Сууском, Ноокатском и Узгенском районах. Среди районов и городов области первое место по производству промышленной продукции занимает Кара-Сууский район и город Ош.

Сельское хозяйство является одной из основных отраслей реального сектора экономики области, производящей в 2,5-3 раза больше валовой продукции, чем производит промышленность. По валовому выпуску продукции сельского хозяйства область среди семи областей республики занимает второе место после Чуйской области.

В отраслевой структуре сельского хозяйства ведущим является земледелие, в котором производится 50-60% валовой продукции сельского хозяйства области. Немного уступает ему животноводство (примерно 40% продукции).

Ведущими отраслями в сельскохозяйственном производстве области, несмотря на сравнительно небольшой удельный вес в отраслевой структуре, являются хлопководство, табаководство, овощеводство, а также животноводство, производящее примерно 25% и 18% государственной выработки шерсти и молока соответственно.

Площадь сельскохозяйственных угодий области занимает 56% от общей площади области и составляет примерно 15% от площади сельскохозяйственных угодий страны,

Глава 7
ЭКОНОМИКО-ГЕОГРАФИЧЕСКАЯ ХАРАКТЕРИСТИКА ОШСКОЙ ОБЛАСТИ И ГОРОДА ОШ

большую их часть занимают пастбища и пашни.

В земледельческом хозяйстве области собирается примерно 20% государственного валового сбора зерна, 30% хлопка-сырца, 60% табака, 30% масличных культур, 10% картофеля, 15% овощей, 20% бахчийных культур, 20% плодов и ягод, 20% винограда. При этом, урожайность сельскохозяйственных культур области (за исключением картофеля) намного выше среднереспубликанского показателя.

В животноводческой отрасли сельского хозяйства области под влиянием негативных экономических факторов и ошибок при проведении аграрно-земельной реформы в 1991-1995 годах численность поголовья скота и домашней птицы существенно сократилось. С развитием рыночных отношений были созданы условия для развития сельскохозяйственного сектора, в том числе животноводства. В результате, начиная с 1996 года, в животноводстве области поголовье скота и птицы постоянно увеличивается, а производство продукции животноводства повышается.

Транспорт области представлен автомобильным, железнодорожным, воздушным и трубопроводными видами. Транспортно-дорожная сеть в области достаточно развита. Автомобильные, железные дороги и авиация являются важными средствами сообщения, как на общенациональном, так и международном уровнях. Автомобильный транспорт является самым важным видом транспорта. Вся автомобильная дорожная сеть области подразделяется на дороги республиканского значения, включая внутригородские дороги и магистрали, соединяющие районные центры, и дороги областного значения, соединяющие, главным образом, районные центры с сельскими населёнными пунктами. Основными

Аэропорт города Ош - один из крупнейших аэропортов Ферганской долины

являются следующие автомагистрали: Бишкек - Ош, конечная часть которой, около 100 км., проходит по территории области, а также Джалал-Абад - Узген - Ош. Они играют важную роль, так как обеспечивают связь с северным регионом Киргизии и столицей страны. Трассы Ош - Сары-Таш - Хорог (Таджикистан) и Ош - Сары-Таш - Эркечтам - Кашгар (КНР) имеют международное стратегическое значение не только для области, но и для страны а целом. По территории области проходит и обширная сеть местных сельских дорог.

Железнодорожный транспорт представлен железнодорожными ветками с Узбекской железной дорогой в городах Ош и Кара-Суу общей протяженностью немногим более 30 км. и имеет важное значение для крупногабаритных грузовых перевозок на территорию области и из неё, особенно для Ошской городской ТЭЦ и других крупных промышленных предприятий. Кроме грузоперевозок, железнодорожным транспортом области предоставляются услуги пассажирских перевозок в г. Джалал-Абад через г. Хан-Абад (Узбекистан) и Бишкек, а также в города России через города Ходжент (Таджикистан), Ташкент (Узбекистан) и Арысь (Казахстан). Большие затраты времени и высокие материальные потери от пограничных, таможенных и других проверок, имеющихся на железнодорожных маршрутах через Узбекистан, Таджикистан и Казахстан, показывают высокую потенциальную выгоду от реализации идеи железной дороги "Север-Юг", планы строительства которой обсуждаются уже достаточно давно. В связи с этим, приоритетной задачей является завершение разработки и технико-экономическое обоснование данного проекта и строительство железнодорожной линии Балыкчы - Кочкор - Чаек - Джалал-Абад - Ош.

Воздушный транспорт области представлен Ошским авиапредприятием с аэропортом, входящим в состав национальной авиакомпании "Эйр Кыргызстан" ("Кыргызстан Аба Жолдору"), отвечающей за содержание и эксплуатацию аэропорта. Аэропорт "Ош" является одним из двух международных аэропортов страны. Он расположен в северной части города Ош на высоте 840 м. над уровнем моря и располагает взлётной полосой более чем 2800 м. Отсюда совершаются ежедневные авиарейсы между южной и северной столицами страны, а также есть множество других местных и международных рейсов.

Кроме того, в области имеется трубопроводный транспорт, используемый для обеспечения населения природным газом, и троллейбусный в г. Ош для перевозки людей.

Система образования области включает дошкольное, общеобразовательное школьное, начальное, среднее, профессионально-техническое, среднее специальное и высшее образование. Обучение в школах ведется преимущественно на киргизском, узбекском и русском языках.

7.4. Город Ош как центр юго-западного региона Киргизии.

Столица области город Ош является крупным промышленным, образовательным и культурным центром страны. В настоящее время в городе ведется обучение в таких крупных вузах, как Ошский государственный университет, Ошский технологический университет, Ошский гуманитарно-педагогический институт и др.

В городе Ош работают Киргизский драматический театр им. С. Ибраимова и Ошский

Глава 7
ЭКОНОМИКО-ГЕОГРАФИЧЕСКАЯ ХАРАКТЕРИСТИКА ОШСКОЙ ОБЛАСТИ И ГОРОДА ОШ

Государственный академический узбекский музыкально-драматический театр имени Бабура, а также имеется областная филармония им. Рысбая Абдыкадырова.

Ош являлся одним из религиозных мусульманских центров Средней Азии. Наиболее известен древними мечетями в центре города, а также горой Сулайман-Тоо, являющейся традиционным местом паломничества. Город расположен в предгорном оазисе, издавна населённом людьми ещё задолго до прихода туда народа киргизов с Енисея. В 1950-ые годы на южном склоне Сулайман-Тоо были найдены остатки древнего поселения, доказавшие, что история Оша насчитывает три тысячелетия. В 2000-ом году по указу президента Киргизии Аскара Акаева было торжественно отмечено 3000-летие Оша. С тех пор появилась традиция 5 октября отмечать День города. У города очень интересная история, что делает его привлекательным

Ошский государственный университет - крупный образовательный центр Республики Кыргызстан

для туристов и любителей древности, а за годы СССР город превратился в крупный промышленный центр, здесь действовали хлопчатобумажный и шелковый комбинаты, хлопкоочистительный и кирпичный заводы, швейная и обувная фабрики, предприятия пищевой, машиностроительной и металлообрабатывающей промышленности, большинство из которых не пережили деиндустриализацию области в 90-ые годы.

На территории области сохранились многие историко-архитектурные памятники: стоянки древних охотников, могильники, городища, наскальные рисунки, поселения, мавзолеи, мечети, караван-сарай, крепости и др. Из письменных источников известно, что в древнем государстве Давань (2 в. до н.э.), в которое входит нынешняя территория Ошской области, насчитывалось более 70 больших и малых городов.

Город Ош относится к одним из древнейших известных городов Средней Азии. Знаменитый Захиреддин Мухаммед Бабур - поэт, полководец-завоеватель, основатель государства Великих Моголов, в своей книге «Бабур-Наме» с большой любовью вспоминает об Оше и также сообщает о сооружении им в 1496-1498 годах небольшого домика на вершине Сулайман-Тоо, называемого ныне «Дом Бабура».

В городе, в период средневековья, были сооружены, а потом восстановлены мечеть Рават Абдулла-хана (16-17 вв.), мавзолей Асаф-ибн-Бурхия (17-18 вв.), мечеть Алымбек-датки (19 в.), мечеть Мухаммада Юсуп Байкоджа-оглы (20 в.), и др. исторические

Памятная монета, посвящённая 3000-летию города Ош

памятники, всего более тридцати. Древний Ош (4 в. до н.э. - 5 в. н.э.) с округой был важным пунктом на Великом Шёлковом пути. К этому времени относятся останки многочисленных древних замков, таких, как Мирзалим-Дёбё, Чаян-Дёбё, Отуз-Адыр, крепость Мады, Коргошун-Дёбё, Ак-Буура, Шалтакские Дёбё, Шоро-Башат, Куршаб, Бёрю-Дёбё, Ден-Булак, Дыйкан и др. Другим важным памятникам архитектуры средневековья является Узгенский архитектурный комплекс (11-12 вв.). Памятником кокандского периода являются останки крепости Дароот-Когон, караван-сарай Соголон возле Кара-Шоро. В области найдено множество наскальных надписей, на которых изображены, в основном, даваньские кони, горные козлы, музыкальные инструменты, фигуры людей и разнообразные надписи. Эти многочисленные культурно-исторические памятники, а также невероятно красивые и разнообразные природные ландшафты создают в Ошской области большой потенциал для развития сферы туризма.

Глава 8 ЭКОНОМИКО-ГЕОГРАФИЧЕСКАЯ ХАРАКТЕРИСТИКА БАТКЕНСКОЙ ОБЛАСТИ

巴特肯州的经济地理特征

巴特肯州是吉尔吉斯斯坦最神秘的地区。该地区位于吉尔吉斯斯坦西南部。吉尔吉斯斯坦的最低点位于巴特肯州，海拔低于海平面401米。该州四分之三的边界与乌兹别克斯坦和塔吉克斯坦接壤。巴特肯州有数个飞地属于其他国家的领土，因此该州被认为是一个地缘政治极其复杂的区域。全州人口约40万。该州首府是巴特肯市。

巴特肯州地形以平原、河谷为主，部分土地用于修建牧场。该地区分布着居民点、工业中心、灌溉系统。中海拔和高海拔的草原分季节使用，多作为夏季和冬季牧场。巴特肯州是吉尔吉斯斯坦重要的农牧业区。

巴特肯州内的高海拔地区，是吉尔吉斯斯坦游牧和畜牧民族的传统居住区，这些民族构成了该州的主要人口。由于巴特肯州地处吉尔吉斯斯坦、乌兹别克斯坦、塔吉克斯坦的交界地区，因此该地区通用多种少数民族语言。

巴特肯具有特别的工业潜力和稀有的矿产资源，包括艾达尔肯矿区的汞矿床、卡达姆扎伊的锑矿、克孜勒基亚和苏留克塔的煤矿，此外该地区出产杏、烟草、羊毛、肉类、奶制品。

巴特肯州的矿藏使吉尔吉斯斯坦成为世界锑、汞的主要生产国，占有世界20%的锑产量和15%的汞产量。该地区出口导向高，出口额大大超过进口额。

巴特肯州因费尔干纳谷地的天然气候条件、便利的地理位置，促进了旅游业的发展。在中世纪，费尔干纳谷地曾有许多发达的城市和古丝绸之路的一条支线，留下了许多珍贵的历史古迹。

8.1. Общая характеристика Баткенской области.

Баткенская область - это самый загадочный регион Киргизии. Она находится в самой дальней, юго-западной части страны. Три четверти границ области являются международными: область граничит с Узбекистаном и Таджикистаном. Также на территории Баткенской области располагаются несколько анклавов – территорий, принадлежащих другим государствам, поэтому область считается сложным геополитическим регионом. Численность населения области чуть больше 400 000 жителей. Баткенская область - это важный сельскохозяйственный регион страны. На всю Киргизию известны местные абрикосовые сады, плоды которых необыкновенно сочные и сладкие.

Именно на территории Баткенской области находится самая низшая точка в стране, имеющая абсолютную высоту 401 метр над уровнем моря. Популярными разновидностями отдыха в Баткенской области являются треккинг в долинах и ущельях, конные прогулки, альпинизм, культурно-познавательный и лечебно-оздоровительный туризм.

Ущелье Каравшин у Туркестанского хребта - это излюбленное место для поклонников пешеходных туров. Здесь можно увидеть удивительной красоты зеленые луга и быстрые горные речки с чистейшей водой. Возможности для треккинга сочетаются здесь и с занятиями альпинизмом. В Каравшине находятся несколько пиков (Пирамидальный, Асан, Усен и др.), на которые часто совершаются восхождения. Еще одна жемчужина Туркестанского хребта - лазурное горное озеро Ай-Кёль, удивляющее своей неповторимой красотой.

Самое знаменитое и уникальное место Баткенской области - это, конечно, гора Айгуль-Таш. Она славится тем, что здесь произрастает небывалой красоты огненно-алый цветок Айгуль. Он цветет только один раз в году, в апреле, и период цветения продолжается около двух недель. Каменистая гора, буквально усыпанная яркими цветами, представляет собой удивительное зрелище, которое нельзя наблюдать больше нигде в мире. Только ради этого стоит приехать сюда, в этот удаленный край.

Баткенская область образована сравнительно недавно - 12 октября 1999 года. В неё из состава Ошской области вошли Баткенский, Кадамжайский, Лейлекский районы и города Кызыл-Кия и Сулюкта. В 2000 году районные центры Баткен и Исфана получили статус городов. Область подразделяется на указанные выше 3 района и 3 города областного подчинения. Областной центр - город Баткен. Территория области расположена в юго-западной части страны и, как уже говорилось, окружена соседними государствами Центральной Азии: на юге, западе и северо-западе - Таджикистаном, на севере - Узбекистаном, а на востоке - Ошской областью республики. Поскольку на её территории расположено несколько анклавов, принадлежащих соседним государствам, многие транспортные артерии проходят через несколько

Флаг Баткенской области

Глава 8
ЭКОНОМИКО-ГЕОГРАФИЧЕСКАЯ ХАРАКТЕРИСТИКА БАТКЕНСКОЙ ОБЛАСТИ

границ. Всё это отрицательно влияет на социально-экономическое развитие области. Площадь области 17000 квадратных километров и занимает 8,5% территории Киргизии.

Высокогорные районы Баткенской области являются регионом традиционного проживания киргизов-кочевников и скотоводов, составляющих абсолютное большинство населения области. Но в силу своего приграничного положения рядом с Узбекистаном и Таджикистаном, в области высока доля различных этноязыковых меньшинств. В 2010 году в области проживало 433 800 человек (8 % населения страны). По данным переписи 1999 года, в области проживало 382 000 жителей. В горных районах плотность населения невысока, гораздо выше она в долинах и у государственной границы. Для области характерны высокая рождаемость, низкая смертность, высокий естественный прирост и значительный уровень эмиграции.

Отличительной особенностью населения области также является преобладание мужчин (на 1000 женщин приходится 1002 мужчин против 975 по республике), по возрасту население моложе трудоспособного возраста (до 15 лет) в области составляет 43,3% от общей численности населения (по республике - 38,1%). Численность населения старше трудоспособного возраста здесь составляет 7,7% (по республике - 9,2%), и население в трудоспособном возрасте - 50,0% (52,7%). Уменьшение численности в трудоспособном возрасте связано с падением уровня производств и приостановкой деятельности промышленных предприятий при осуществлении социально-экономических реформ во время переходного периода к рыночной экономике. В результате этого, в городах и посёлках городского типа

Огненно-алый цветок Айгуль - символ Баткенской области

области увеличилась численность незанятых и усилилась миграция населения, в основном трудоспособного возраста. Отток мигрантов направлен в столицу страны Бишкек и Чуйскую область. Военные действия против боевиков, международных террористов, проникших летом 1999 и 2000 на территорию области, также способствовали большой миграции населения. Серьёзной проблемой остаётся высокий уровень безработицы, в том числе скрытой.

8.2. Особенности географического положения и природные ресурсы Баткенской области.

Баткенская область занимает южную предгорную часть Ферганской долины с передовыми цепями, отрогами и предгорьями Туркестанского и Алайского хребтов.

Гребни этих хребтов поднимаются выше 4000-5000 метров, наивысшие высоты достигают в Туркестанском хребте (в верховьях реки Кожо-Бакырган) 5580 метров, в Алайском хребте (в верховьях реки Тилбе, в бассейне реки Сох) 5880 метров. По характеру поверхности на территории Баткенской области чётко выделяются следующие геоморфологические зоны: зона подгорных равнин, зона адыров и предгорий, зона внутригорных впадин, зона средних гор, высокогорная зона.

В пределах Баткенской области Туркестанский хребет достигает высоты 5000 метров. Имеются ледники, снежники. Линия вечных снегов залегает преимущественно на высоте 4000-4500 метров. Гребни хребта зубчатые и увенчаны рядом скалистых пиков. Высокогорная зона отличается очень сильной рассечённостью, густой сетью глубоких и узких долин с крутыми склонами, обилием скал, каменистыми россыпями и осыпями. Продолжением Туркестанского хребта на востоке является Алайский хребет. Ряд хребтов, разделённых более или менее широкими продольными долинами и пересечённых глубокими поперечными ущельями, образует эту горную область. Эрозия в высокогорной зоне Туркестанского и Алайского хребтов вызвала глубокое и сложное расчленение рельефа.

Ущелье Каравшин - любимое место туристов-альпинистов

Климат области в целом континентальный, сухой, с умеренно тёплым летом и умеренно холодной зимой. На территориях, расположенных до 2500 метров над уровнем моря, средняя многолетняя температура января порядка -3° -6°C, июля 15°-25°C. На станции Теминген, расположенной на высоте 3000 метров над уровнем моря, средняя температура января -8,9°C (абсолютный минимум -30°C), июля 10°C (абсолютный максимум - 38,7°C).

Реки области относятся к бассейну Сырдарьи. Наиболее крупные реки, стекающие со склонов Алайского хребта - Исфайрам (122 км.), Шаймерден (112 км.); Сох (124 км.) и др.; с Туркестанского хребта - Исфара (130 км.), Исфана (69 км.), Кожо-Бакырган (117 км.), Ак-Суу (116 км.) и др. Основной

Слиток сурьмы

источник питания этих рек - талые снеговые и ледниковые воды. На склонах Алайского и Туркестанского хребтов много горных озёр, наиболее крупными из которых являются озёра

Глава 8
ЭКОНОМИКО-ГЕОГРАФИЧЕСКАЯ ХАРАКТЕРИСТИКА БАТКЕНСКОЙ ОБЛАСТИ

Тегермеч, или Зоркёл, Гезарт, Тюз-Ашуу, Курман-Кёл, Аугул, Каракёл-Катта и др.

В Баткенской области насчитывается более 530 ледников общей площадью более 720 квадратных километров. Они расположены на северных. склонах Алайского и Туркестанского хребтов.

Подгорные равнины, внутригорные котловины и долины рек в основном заняты под земледелие, часть используется под пастбища. Здесь расположены населённые пункты, промышленные центры, ирригационные системы. Среднегорные и высокогорные степи и луга служат в качестве разносезонных, но по большей части летних и зимних пастбищ.

8.3. Основные отрасли экономики Баткенской области.

Экономика Баткенской области, располагающей редким промышленным потенциалом (ртуть в Айдаркене; сурьма в Кадамжае; уголь в Кызыл-Кие и Сулюкте), отлаженным сельскохозяйственным производством (абрикосы, табак, шерсть, мясо и молочные продукты) и большими возможностями для развития туризма, занимает особое место в производственном комплексе Республики Кыргызстан. Уровень социально-экономического развития ниже общегосударственного, хотя по отдельным отраслям и сферам деятельности некоторые их показатели могут существенно отклоняться в ту или иную сторону от общегосударственного показателя. Территория области отличается расчленённым сложным горным рельефом, менее благоприятными сухими и почвенно-климатическими условиями, приграничным, самым отдалённым и не способствующим стабильности политико-географическим расположением. Проведение рыночной реформы, при этом резкий разрыв традиционных хозяйственных связей между бывшими союзными республиками СССР и тяжёлое экономическое положение сопровождались спадом производства. В результате отрицательных условий и происшедшего спада производства, по уровню жизни населения область остается одним из отсталых и бедных регионов страны.

Несмотря на это, промышленность области занимает важное место не только в экономике данного региона, но и по республике и специализируется на производстве сурьмы, ртути, добыче угля, ферментативного табака. Здесь производится весь объём сурьмы и ртути, значительные объемы угля, табака и национальных ковровых изделий. По производству сурьмы и ртути, благодаря Баткенской области, Республика Кыргызстан попадает в ряд основных мировых производителей, обеспечивая соответственно 20% и 15% мировых потребителей. Область имеет высокую экспортную направленность, сумма экспортной продукции значительно превышает импорт.

Наибольшая доля хозяйствующих субъектов (юридических и физических) зарегистрирована в сельском хозяйстве (51,5%), сфере торговли и общественного питания (37,4%), промышленности (7%) транспорте и связи (4,1%).

Хайдарканский ртутный комбинат. В ремонтно-механическом цехе (1954 г.)

В отраслевой структуре промышленности в области основными являются: цветная металлургия, пищевая, мукомольно-крупяная и комбикормовая промышленность и производство промышленных стройматериалов, дающие 95% объёма продукции промышленности области. Топливная отрасль промышленности области в структуре занимает небольшой удельный вес, всего около 3%. Несмотря на это, она имеет межрайонное значение и представлена тремя предприятиями: акционерное общество «Кызыл-Кыя кёмюр», «Кызыл-Кыя шахтострой» и государственное акционерное общество «Сулюкта-Кёмюр».

Минерально-сырьевая база горнорудной промышленности Баткенской области ориентированная на развитие преимущественно крупных горнодобывающих и перерабатывающих предприятий, представлена значительными оцененными запасами определенных видов полезных ископаемых, прежде всего ртути, сурьмы и золота.

Разведанные запасы сурьмяных руд месторождений «Кадамжай», «Терексай», «Большой Хайдаркан», «Абшир» составляют около 16 млн. тонн, в которых содержится 272,6 тыс. тонн сурьмы. АО «Кадамжайский сурьмяный комбинат» планирует работы по внедрению технологии переработки окисленных и содержащих мышьяк руд, что позволит обеспечить бесперебойную деятельность комбината еще на 15-20 лет. Проведение комплекса мер по разведке запасов месторождений сурьмы и золота «Ничкесуу», «Савоярды», «Терек» и «Тереккан» создадут предпосылки для устойчивой работы комбината в дальнейшей перспективе.

Сырьевая база ртути представлена разведанными запасами ртутных и ртутно-сурьмяно-флюоритовых руд месторождений «Хайдаркан», «Новое», «Беш-Бурхан» с утвержденными запасами в количестве 40 млн. тонн.

Разведанные запасы Сулюктинского месторождения бурого угля составляют более 180 млн. тонн. Обеспечение деятельности этого предприятия возможно при целенаправленных инвестициях или создании совместных предприятий по добыче и реализации угля.

Нефтегазовая промышленность Баткенской области представлена месторождениями

Глава 8
ЭКОНОМИКО-ГЕОГРАФИЧЕСКАЯ ХАРАКТЕРИСТИКА БАТКЕНСКОЙ ОБЛАСТИ

Аркинского и Бургандинского массивов нефти и газа, извлекаемые запасы которых составляют 1,9 млн. тонн и 4,6 млрд. куб. м. соответственно, с суточной добычей нефти - 100 тонн, газа - 40 тыс. куб. м.

Перерабатывающий комплекс Баткенской области базируется на переработке местного сырья. Приоритетным направлением развития перерабатывающей отрасли области является возрождение виноградарства и увеличение его плантаций, с дальнейшей переработкой сырья для получения высококачественных сортовых винных изделий на местных винных заводах.

Сельское хозяйство области является важной отраслью реального сектора экономики, производя значительно больше валовой продукции, чем объём производства промышленности и других отраслей. При этом регион занимает среди семи областей последнее место по валовому выпуску продукции сельского хозяйства. В отраслевой структуре ведущим является животноводство, где производится более половины валового выпуска сельского хозяйства области. В условиях рыночной экономики большая часть продукции животноводства области по формам собственности производится в личном хозяйстве населения и крестьянском (фермерском) хозяйстве.

Экономический рост и подъем жизненного уровня населения области в значительной степени зависит от результатов экономических преобразований и темпов роста в данном секторе экономики. Наличие больших массивов горных пастбищ, отличающихся разнообразием травостоя и его кормовых достоинств, создает основу для развития животноводческой отрасли, которая в настоящее время утрачивает свое ведущее значение и наиболее важным направлением для привлечения инвестиций в сельском хозяйстве области является развитие перерабатывающей промышленности. Область также является зоной тонкорунного и полутонкорунного овцеводства и козоводства.

Общая посевная площадь области составляет 66,9 тыс. га. В структуре посевных площадей ведущее место занимают зерновые культуры. Более 70% пахотно-пригодных земель пригодны для земледелия при условии искусственного орошения.

Перспективной, быстроразвивающейся отраслью является овощеводство. В структуре посевных площадей овощные культуры занимают небольшой удельный вес - около 1%. Наилучшими природно-экономическими условиями для выращивания овощей располагают хозяйства Кадамжайского и Лейлекского

По мнению местных жителей, родина абрикосов - это Баткенская область

районов, отличающиеся высокой урожайностью и низкой себестоимостью выращивания. Благодаря влиянию теплого климата регион располагает благоприятными условиями для садоводства. Баткенская область - исторически сложившаяся зона выращивания абрикоса, винограда, урюка, яблок, груш, персика, черешни, вишни, граната, инжира на площади более 8 тыс. гектаров. Здесь на протяжении многих веков создано большое количество ценных сортов, высокое качество плодов которых известно далеко за пределами Киргизии. В области расположены две зоны плодоводства - равнинная и предгорная. Наиболее благоприятные условия для выращивания ценных зимних сортов семечковых и косточковых в предгорной зоне. Здесь промышленное садоводство может развиваться за счет освоения каменистых площадей, более высоких участков предгорий, мест с пересеченным рельефом. Равнинная зона с активным солнечным влиянием благоприятна для ценных сортов абрикоса, винограда, урюка, персика, черешни, вишни, граната, инжира.

В настоящее время в области активно развивается переработка сельскохозяйственной продукции, производство молочных продуктов. Область является поставщиком сельскохозяйственной продукции в другие регионы страны, а также за ее пределы в страны СНГ.

Природа Баткенской области прекрасна и неповторима

Баткенская область привлекает своими природно-климатическими условиями и удобным географическим расположением в Ферганской долине, что способствует развитию сферы туризма. В Средние века на территории Ферганской долины было много развитых городов и пролегала одна из ветвей Великого Шелкового пути, караваны проходили через Баткен в Самарканд, Бухару, Ташкент, Хиву и Кашгар, что способствовало развитию экономики и культуры Ферганской долины.

На территории области имеются многочисленные историко-культурные объекты, известные по письменным источникам. Это остатки древних поселений 1-6 веков нашей эры - Аирбаз, Баткен, Кайрагач, Кара-Камар, Кожо-Бакырган, Обишир, городища 9-16 веков - Булак-Башы, Исфана, Кара-Булак, остатки крепости кокандских периодов - Кан, Кыштут и архитектурный памятник-мечеть в с. Кайрагач.

Кроме этих достопримечательностей южнее с. Рабат находится одноимённое поселение древних рудокопов и недалеко от кишлака Самаркандык имеется исторический

Глава 8
ЭКОНОМИКО-ГЕОГРАФИЧЕСКАЯ ХАРАКТЕРИСТИКА БАТКЕНСКОЙ ОБЛАСТИ

рудник, пещера Кан-и-Гут. Это карстовая пещера, расположенная на южном склоне отрога Джаман-Чул. Расцвета своей известности она достигла в X-XI веках, когда стала центром добычи серебра и других ископаемых. Постепенно выработанное месторождение опустело, было забыто. Осталось лишь подземелье, которое стали называть «Рудник погибели». Первые сведения о Кан-и-Гуте имеются в трудах Авиценны. Он писал: «Мудрецы сокрыли все золото и украшения мира в разных местах, и завладеть этим нелегко. Так, например, в стране Мавераннахра есть город, лежащий среди гор, по имени Исфара. В его области есть место, именуемое Гут. Мудрецы оставили сокровища в том месте и наложили на них заклятье. Описаниям и рассказам об этом нет числа».

В горах немало мест с выходами минеральных вод, лесными ландшафтами и другими благоприятными условиями, удобными для создания домов отдыха, горно-туристических комплексов. В области множество возможностей для развития туризма и альпинизма.

Загадочная пещера Кан-и-Гут

Основу рекреационной системы области составляет альпинистская база «Дугаба», расположенная на Памир-Алае, на склонах Алайского хребта, в 31 км. от центра Кадамжайского района. Альпинистская база расположена в ущелье реки Дугаба, на высоте 2100 метров над уровнем моря. Берега реки и его притоки покрыты лиственными и хвойными лесами, среди которых преобладает арча и тянь-шаньская ель. Выше базы начинаются обширные альпийские луга, которые продолжаются до границы вечных снегов. В 6-7 км. от него находится безымянный ледник. Вблизи базы находится несколько ледников, длина которых достигает 3-4 км. Комплекс «Дугаба» отвечает мировым стандартам (наличие опытных инструкторов-альпинистов, контрольно-спасательной службы и др.). Благодаря хорошо поставленной сервисной службе и уникальным маршрутам комплекс «Дугаба» посещают практически все альпинисты мирового класса. Пик «Пирамидальный» (5509,9 м. над уровнем моря) является главной гордостью альпинистко-туристической зоны не только области, но и всей Киргизии. Именно здесь проводились чемпионаты СССР по альпинизму.

Современная транспортная сеть Баткенской области представлена автомобильным, железнодорожным, воздушным и трубопроводным транспортом. Автомобильный транспорт обеспечивает значительную часть перевозки грузов и пассажиров. Сложный расчленённый горный рельеф препятствует сообщению, и лишь дороги способствуют развитию автомобильного вида транспорта. Основные автомобильные дороги: Ош - Кызыл - Кыя - Пульгон - Хайдаркан - Баткен - Исфана - Сулюкта; Кызыл-Кия - Дароот - Коргон; Кызыл-Кия - Кувасай (Узбекистан); Баткен - Исфана (Таджикистан); Кызыл-Кия - Маркамат (Узбекистан) - Ош. Эти дороги (особенно первая) несколько раз пересекают «анклавы» соседних государств, что из-за различных таможенных и пограничных мероприятий негативно влияет на нормальное движение транспортных средств и свободные перевозки грузов и пассажиров по территории области. Несмотря на это, они обеспечивают транспортно-экономические связи самых труднодоступных населённых пунктов с районными центрами и областным центром, а также с южной столицей страны - городом Ош. Из-за отсутствия средств для проведения работ по поддержанию дорог некоторые участки, особенно сеть сельских дорог, находятся в неудовлетворительном

Пик "Пирамидальный" - высшая точка Туркестанского хребта

состоянии и нуждаются в реконструкции и капитальном ремонте. Дальнейшее ухудшение состояния автомобильных дорог области будет иметь серьёзные последствия для способности хозяйствующих субъектов получать необходимое материально-техническое снабжение и обеспечивать сбыт своей продукции на рынках. В связи с этими обстоятельствами улучшение существующих и строительство новых автомобильных дорог является одной из важных экономических и политических проблем, не только области, но и страны в целом.

Железнодорожный транспорт области представлен двумя тупиковыми ветвями железных дорог с небольшой протяжённостью. Первая из них - узкоколейная дорога - проложена в 1907 к угольным копям Сулюкты от станции Драгомирово (ныне станция Пролетарск Согдийской области Таджикистана), протяжённостью 37 км. Эта дорога в начале 30-х годов была реконструирована. Другая железная дорога связывающая Кызыл-Кия с узбекской железнодорожной системой Фергана - Кувасай (Узбекистан) - Кызыл-Кия (42 км) построена в 1928. Строительство этих дорог было предназначено в основном для перевозки добываемого угля с буроугольных месторождений. Они проходят по пересечённой горной местности, а их протяжённость на территории области составляет всего около 30 км. Несмотря на это, данные пути (особенно Кызыл-Кийская железнодорожная станция) имеют важное значение для крупногабаритных грузовых перевозок, особенно для предприятий горнорудной промышленности и крупных

Глава 8
ЭКОНОМИКО-ГЕОГРАФИЧЕСКАЯ ХАРАКТЕРИСТИКА БАТКЕНСКОЙ ОБЛАСТИ

хозяйствующих субъектов.

Воздушный транспорт служит для перевозки пассажиров и почты внутри страны и имеет местное значение. Аэропорты построены в Баткене (в 1950 году), Исфане, Кызыл-Кие и Айдаркене.

На территории области действует трубопроводный транспорт. Введена в строй газопроводная ветка Фергана (Узбекистан) - Кадамжай (1972 год) и Урсатьевская (Узбекистан) - Айдаркен (1973 год). Эти газопроводы обеспечивают газом промышленные предприятия и жителей этих населённых пунктов.

Глава 9 ЭКОНОМИКО-ГЕОГРАФИЧЕСКАЯ ХАРАКТЕРИСТИКА НАРЫНСКОЙ ОБЛАСТИ

纳伦州的经济地理特征

纳伦州位于吉尔吉斯斯坦东南部，东邻伊塞克湖州，北邻楚河州，西邻贾拉拉巴德州和奥什州，南部同中国接壤。纳伦州面积约占吉尔吉斯斯坦国土面积的四分之一，99%居民为吉尔吉斯族。纳伦州内唯一的城市即它的首府纳伦市，人口约为3.5万人。

纳伦州的基础设施水平不高，属于经济欠发达地区。纳伦州的地理环境一定程度上制约了该地区经济的发展：该州地处海拔1500米、地形复杂的山区，近70%面积为山地。

纳伦州的工业发展缓慢，代表性企业从事电力、煤、食品、面粉、建材制造。本地原料加工业是纳伦州支柱产业。

纳伦州位于高山地区，畜牧业主要包括羊、马、牦牛等家畜养殖业。吉尔吉斯斯坦三分之一的牧场位于纳伦州。为提高地区粮食供应水平，纳伦州近期开始注重小麦、土豆、蔬菜、油料作物的种植。

纳伦州进口产品主要为化工产品、汽车、生产部门所需的机械设备、必要的日常消耗品。出口产品主要为活牲畜和牲畜产品、矿物产品、皮革和皮革原料、织布和纺织品。

9.1. Общая характеристика Нарынской области.

Высокие горы, зеленые луга, крутые перевалы и кристально чистый воздух - вот что приходит на ум при упоминании о Нарынской области. Большая часть территории области, около 95%, расположена на высоте более 1000 метров. По своим климатическим условиям это самая прохладная область страны: зима продолжительная и холодная, лето теплое, но довольно короткое. Однако, именно здесь можно увидеть обширные пространства с зеленой, невероятно сочной травой, благодаря которой здесь выращивают самый лучший скот. Нарынская область всегда была землей кочевников, живших здесь в гармонии с

Глава 9
ЭКОНОМИКО-ГЕОГРАФИЧЕСКАЯ ХАРАКТЕРИСТИКА НАРЫНСКОЙ ОБЛАСТИ

окружающей природой и постоянно переходящих с зимних пастбищ на летние. Пожить в юрте на джайлоо и познакомиться с кочевым образом жизни в Нарыне можно и по сей день, познавая замечательную местную экологию и ощущая свободу и единение с природой.

В этом регионе можно увидеть настоящие чудеса природы. Здесь берет свое начало самая протяженная и мощная река страны - Нарын, обладающая огромным гидроэнергетическим потенциалом. Здесь много больших и маленьких ледников, общей площадью более 1400 кв. м., аккумулирующих значительные запасы пресной воды. Высоко в горах можно увидеть не одно озеро, при взгляде на которые захватывает дух. Самые знаменитые и крупные из них - это озера Сон-Куль и Чатыр-Куль.

Летом в Нарыне интересно пожить на одном из знаменитых джайлоо (Сарала-Саз, Джумгал, Джаман-Эчки, Килемче), познакомиться с жизнью, бытом и культурой скотоводов. Здесь можно отведать национальный напиток из кобыльего молока кумыс, который имеет восхитительные целебные свойства. Широко практикуется кумысолечение, когда на джайлоо специально приезжают на длительный период, чтобы укрепить здоровье и избавиться от болезней. Конные и пешие прогулки на природе также радуют туристов вдали от городской суеты.

В горах Нарына проложено много дорог с продолжительными спусками подъемами, что привлекает сюда поклонников велотуров. Хотя езда на велосипеде по горным тропам - это нелегкое дело, но в награду за приложенные усилия путешественники получают возможность полюбоваться с высоты великолепными пейзажами. Необыкновенный вид открывается с перевалов Долон, Калмак-Ашуу, Молдо-Ашуу, Кызарт. Для экстремалов река Нарын открывает большие возможности для рафтинга в ее бурном, мощном потоке.

Флаг Нарынской области

Любители культурно-познавательного туризма смогут получить новые знания, путешествуя по Нарынской области. Одна из ветвей Великого Шелкового пути, памятники средневековья Таш-Рабат и Кошой-Коргон откроют путникам свои тайны.

Область расположена на юго-востоке Кыргызстана и была образована 21 ноября 1939 года, но первоначально называлась Тянь-Шаньской областью. 30 декабря 1962 года область была расформирована и её районы вошли в республиканское подчинение. Нарынская область была вновь образована 11 декабря 1970 года, 5 октября 1988 года была присоединена к Иссык-Кульской области, а с 14 декабря 1990 вновь стала называться Нарынской областью. Область граничит на востоке с Иссык-Кульской, на севере - с Чуйской, на западе - с Джалал-Абадской и Ошской областями, на юге - с КНР. Общая площадь области - 45,2 тыс. кв. км. (1/4 часть территории Киргизии). Население области по данным на 2015 год составляет 274,5 тыс. человек, более 99% из которых киргизы. В состав Нарынской области входят 5 районов: Ак-Талинский, Ат-Башинский, Джумгальский, Кочкорский и Нарынский районы. Областным центром является единственный город области - Нарын, население которого составляет примерно 35 тыс. человек. Плотность населения самая низкая в стране - всего около 6 человек на один квадратный километр. Наиболее обжитыми являются Джумгальская, Кочкорская и Нарынская долины. Населенные пункты в основном расположены вдоль автомобильных трасс и рек. Городское население составляет не более 18% от всех жителей области. 42,7% населения области - это дети и молодёжь, 48,1% - люди трудоспособного возраста, 9,2% - люди пенсионного возраста. В области достаточно высокий уровень безработицы, поэтому многие жители пытаются перебраться в другие регионы страны, прежде всего в Чуйскую область и город Бишкек.

9.2. Особенности географического положения и природные ресурсы Нарынской области.

Область является горным регионом со сложным рельефом и расположена на высоте 1500 м. над уровнем моря, а около 70% её территории занимают горные хребты, наиболее крупные из которых Какшаал (самый длинный горный хребет, разграничивающий Республику Кыргызстан с КНР), Ат-Башы, Нарын, Жетим, Молдо-Тоо, Джумгал, Суусамыр. Преобладающие высоты хребтов - 3000-4000 м., самая высокая точка - Пик Данкова (5982 м.), расположенный на горе Какшаал. Горные хребты разделены множеством долин. Самая крупная из них - Нарынская. С юга она ограничена горами Байбиче и Нарын, с севера - хребтами Кабак, Жетим. Эти горы на востоке сближаются и соединяются в одну горную систему в районе Кичи- и Чон-Нарын. К западу долина наоборот, расширяется, растянувшись до Алабугинской горы. Для гор Байбиче-Тоо, Жаман-Тоо, Ак-Шыйрак, Ала-Мышык характерен крутой склон, короткие ущелья, а расположенные с правой стороны склоны гор Жетим-Тоо, Нура, Боор-Албас, Кабак, Молдо-Тоо, Сонкёл отличаются длинными ущельями. На западе Молдо-

Река Нарын пользуется большой популярностью у любителей рафтинга

Глава 9
ЭКОНОМИКО-ГЕОГРАФИЧЕСКАЯ ХАРАКТЕРИСТИКА НАРЫНСКОЙ ОБЛАСТИ

Тоо примыкает к хребту Кёк-Ирим, их разделяет река Нарын. Горный хребет Ак-Шыйрак (Чаар-Таш) делит Нарынскую долину на две части - Алабугинскую и Тогуз-Тороскую. Ат-Башынская долина ограничена на юге Ат-Башынским горным хребтом, на севере - хребтом Нарын-Тоо и Байбиче-Тоо, на западе - Жаман-Тоо. К югу Ат-Башынского горного хребта расположены Аксайская и Чатыр-Кульская долины, на западе - долина Арпа. На севере области находятся хребты Кара-Жорго, Сонкёл, Кабак, Джумгал и межгорные долины Джумгал и Кочкор.

Территория области богата полезными ископаемыми. Крупные угольные залежи сосредоточены в Кабакском бассейне Джумгальского района. У истока реки Эки-Суу расположенао Жетимское месторождение железной руды - единственное в Центральной Азии. В области есть также месторождения Сандыкского нефелинового сиенита, свинца, цинка (на местностях Арсы, Ак-Таш-Коро, Кубакы, Ак-Куль), золота (Солтон-Сары) и др. В Кочкорской долине находятся крупные залежи каменной соли. Повсеместно расположены месторождения различных строительных материалов (глина, песок, щебень, гравий, мрамор), есть и множество термальных и минеральных источников.

Климат области континентальный, зима холодная и продолжительная. Средняя январская температура -15°C. Абсолютный минимум температуры (-50°C) зарегистрирован на территории Ак-Сайской долины. В районе озера Чатыр-Куль, в долинах: Ак-Сай, Арпа, в Верховьях Нарына, в котловинах Сон-Куля зимы холодные, лето тёплое и короткое. В течение суток характерны резкие изменения температуры, заморозки могут быть даже в летние месяцы. Среднегодовое количество атмосферных осадков на равнинах составляет 200—300 мм., в горах чуть больше. Период обильных осадков приходится на вторую половину весны и на первую половину лета, когда выпадает 30-60% годового количества осадков. В долинах объем осадков возрастает с запада на восток. Высота снежного покрова составляет в Нарынской и Джумгальской долинах 15-20 см. В долине Арпа достигает до 60 см. В Кочкорской долине из-за сильных ветров снежные осадки редки, а покров неустойчив.

Руины древней крепости Кошой-Коргон на территории Ат-Башинского района области

Реки области впадают в бассейны Сырдарьи, Тарима, Чу и озера Чатыр-Куль. Самая крупная река - Нарын, её длина в пределах области более 400 км. Крупными притоками реки Нарын являются Чон-Нарын, Кичи-Нарын, Он-Арча, Ат-Башы, Алабуга, Кок-Ирим,

Кёкёмерен. Гидроэнергетические ресурсы Киргизии на треть состоят из вод Нарынской области.

Ледники расположены на высоте более 4000 м. Общая площадь ледников составляет около 500 кв. км. Большинство ледников расположено на Какшаальском хребте.

Почвенно-растительный покров области разнообразен. По склонам гор прослеживается вертикальная поясность. Пояса горных пустынь и полупустынь занимают днища Кочкорской, Джумгальской, Ат-Башинской долин, их предгорья - прибрежную полосу реки Ак-Сай, низменные части котловины озера Чатыр-Куль. Большая часть площадей долин Ак-Сай, Арпа, Ат-Башы, Кара-Кужур, Нарын, котловины озера Сон-Куль относятся к горно-степному поясу. Склоны гор, окружающие долины, относятся к субальпийскому поясу. Леса и кустарники занимают всего 3% территории области.

9.3. Основные отрасли экономики Нарынской области.

Нарынская область по своей социальной инфраструктуре является слабо развитым экономическим регионом страны. На территории области в 1991 году специальным указом Президента была создана Свободная экономическая зона (СЭЗ), первая в Киргизии. Были созданы благоприятные условия для поднятия уровня производственных отраслей и сферы обслуживания в целях повышения экономического и социального уровня области, даны существенные льготы (таможенные пошлины, налоги и др.) для привлечения зарубежных инвестиций и передовых технологий в производство. В СЭЗ в качестве хозяйствующих субъектов зарегистрировано более 50 совместных предприятий, работающих в различных сферах экономики. Совместные предприятия созданы с такими странами, как КНР, США, Ливан, Кипр, Мальта, Болгария и Россия. Однако, хотя и прошло уже достаточно много времени со дня организации Нарынской СЭЗ, её влияние на развитие экономики области, по мнению руководства страны и экспертного сообщества, остается на низком уровне.

Добыча угля - важная составляющая экономики Нарынской области

Промышленность Нарынской области развита слабо и является, в сравнении с другими областями страны, отстающей. Она представлена предприятиями энергетики, угольной, пищевой, мукомольной промышленности, промстройматериалов. Промышленность

Глава 9
ЭКОНОМИКО-ГЕОГРАФИЧЕСКАЯ ХАРАКТЕРИСТИКА НАРЫНСКОЙ ОБЛАСТИ

основана преимущественно на переработке местного сырья. Из промышленных предприятий наиболее значимыми для экономики страны и региона являются Ат-Башинская ГЭС, рудник "Солтон-Сары" и акционерное общество "Ак-Улак", занимающееся добычей бурого угля. Основные виды продукции, выпускаемые промышленностью области: электроэнергия, уголь, одежда, трикотажные изделия, водка и другие виды спиртных напитков, мука, минеральные воды. Однако, объем этой продукции, за исключением угля, в масштабах страны достаточно низкий.

Территория Нарынской области расположена в высокогорном регионе, поэтому в сельском хозяйстве преобладают отрасли животноводства: овцеводство, коневодство, яководство. На долю области приходится треть пастбищ страны. В связи с этим в крестьянских хозяйствах долгое время занимались лишь подготовкой кормов для скота и лишь сравнительно недавно в целях повышения уровня продуктовой независимости региона в области стали больше внимания уделять выращиванию пшеницы, картофеля, овощей и масличных культур.

Овцевоство - традиционная отрасль животноводства Нарынской области

Овцеводство - древняя ведущая отрасль сельского хозяйства Нарынской области. Это обусловлено своеобразными природно-экономическими условиями, связанными с горным характером рельефа и наличием огромных территорий горных пастбищ. Овцеводство в регионе - одна из ведущих отраслей, которая является основным источником получения доходов сельчан. Своеобразие климата региона обуславливает необходимость постоянных перегонов овец по сезонным пастбищам: весной - из долин в предгорья, на летний период - в высокогорную зону (джайлоо), осенью и зимой - в долины или предгорья на зимние пастбища или на стойловое содержание. Широкое использование горных пастбищ дает возможность получать продукты овцеводства - шерсть и мясо.

Основными составляющими импорта Нарынской области являются: продукция химической промышленности, недрагоценные металлы и изделия из них, продукты растительного происхождения, машины, оборудование и механизмы, предназначенные для конкретных отраслей производства, а также необходимые товары повседневного спроса. Наиболее экспортируемыми товарами являются живые животные и продукты животного происхождения, минеральные продукты, кожа и кожевенное сырье, текстиль и текстильные изделия.

В перевозке пассажиров и грузов народного хозяйства, в обеспечении внутренних и внешних связей в Нарынской области огромна роль автомобильного транспорта. Основными автомобильными дорогами являются следующие: Бишкек - Балыкчы - Кочкор - Чаек - Тунук (Суу-Самырская долина); Нарын - Куланак - Баетово - Кош-Дёбё; Нарын - Казарман - Кёгарт - Джалал-Абад и др. Имеет хорошие перспективы автодорога Бишкек - Балыкчы - Торугарт, так как в настоящее время является единственным ближайшим выходом в западные районы Китая. В 1994 году в областном центре, городе Нарыне, была сдана в эксплуатацию троллейбусная линия. По воздушным линиям Нарын связан с такими городами, как Бишкек, Каракол, Джалал-Абад и др.

Нарынская область, как и в целом вся Киргизия, располагает уникальным туристическим потенциалом, включающим в себя природные и историко-культурные ресурсы. Обширные пространства нетронутой девственной природы, мягкий климат, традиционное восточные гостеприимство создают хорошую базу для развития туризма. Вечные ледники, горные озера и водопады, бурные реки, глубокие ущелья, перевалы, самобытная культура, археологические достопримечательности благоприятствуют проведению как известных, так и нетрадиционных видов тренинга, таких как конные, верблюжьи, пешие прогулки, горный туризм, спуск по горным рекам и т.д. В области водится большое количество зверей и птиц, имеющих охотничье-промысловое значение и делающих возможным проведение охотничьих туров.

На территории области расположены крепостное городище Кошой-Коргон (7-8 вв.), караван-сарай Таш-Рабат (10-15 вв.), развалины крепости Шырдак-бека (10-12 вв.), мавзолей Тайлака-батыра (19 в.), стоянка людей каменного века (Он-Арча) и другие исторические памятники. Мировой кризис 2008 года и внутренние проблемы Республики Кыргызстан к 2010 году привели к снижению туристического потока по отдельным направлениям, в результате чего доходы в сфере туризма снизились на 30-40 процентов, но в последние годы в отрасли произошла стабилизация положения. В целом, туристический поток в область составляет порядка 10 тыс. человек, при этом доля иностранных граждан в общем числе туристов составляет около 40 процентов. Доходы от туристической деятельности составляют более 100 тысяч долларов в год при том, что в области работают лишь несколько туроператоров.

Таш-Рабат - древний караван-сарай на Великом Шелковом пути

Глава 10. ЭКОНОМИКО-ГЕОГРАФИЧЕСКАЯ ХАРАКТЕРИСТИКА ТАЛАССКОЙ ОБЛАСТИ

塔拉斯州的经济地理特征

塔拉斯州位于吉尔吉斯斯坦西北部，同名盆地位于该地区。塔拉斯州西北部与哈萨克斯坦接壤，西与乌兹别克斯坦接壤，南邻贾拉拉巴德州，东接楚河州。

塔拉斯州是吉尔吉斯斯坦共和国人口最少的地区。2015年数据显示，全国只有约4%的人口在此居住。其中，仅有五分之一居民在城市居住——该地区人口主要由农村居民组成。塔拉斯州人口具有多民族特点，但吉尔吉斯族占据绝对多数，比例达90%。塔拉斯中心地区常住人口超过3.5万。

塔拉斯州拥有一些依赖自然气候条件的产业。该地区牧场广阔，主要从事畜牧业。居民从事羊、牛、马的养殖，并获得各类加工产品。近年来塔拉斯州发展农耕业，种植粮食、烟草、马铃薯及各种蔬菜。

与国家整体发展水平相比，塔拉斯州工业发展较为薄弱。塔拉斯州主要工业部门是加工业、制鞋业、服装业和建材业。

塔拉斯州自然及人文旅游资源潜力巨大。塔拉斯州是民族史诗英雄玛纳斯的故乡，是吉尔吉斯文化旅游的主要线路。相关文化资源能够为游客带来该地区和国家的独特体验。在塔拉斯州，人们可以参观著名的玛纳斯陵墓、"玛纳斯"博物馆、清真寺以及许多古老的建筑遗迹。

10.1. Общая характеристика Таласской области.

Великий герой Манас, объединивший киргизский народ и возглавивший борьбу за его независимость, по преданию, родился и жил на территории современной Таласской области. Жители области очень гордятся тем, что их родина - это "земля Манаса", и стараются рассказать как можно больше о нем и показать места, связанные с его великим именем, которых в области насчитывается очень много. Одним из таких поистине священных и дорогих для народа мест является Гумбез (Мавзолей) Манаса в областном центре. Тем, кто интересуется киргизской культурой, обязательно рекомендуется посетить это место, способное открыть множество тайн и многое поведать об архитектуре и истории средневекового периода. Таласскую область, таким образом, можно считать одним из главных направлений культурно-познавательного туризма в Киргизии, который способен дать путешественникам уникальные знания о регионе и стране.

Таласская область расположена в северо-западной части Киргизии и занимает одноименную Таласскую долину. На северо-западе Таласская область граничит с Казахстаном, на западе с Узбекистаном, на юге с Джалал-Абадской, а на востоке с Чуйской областями. Образована область 22 июня 1944 года, областным центром является город Талас. В советское время Таласская область долгое время входила в состав Чуйской, хотя транспортное сообщение между ними затруднено. Зимой контакты возможны через территорию Казахстана со стороны долины реки Талас, которая является главной водной артерией области, а также через перевал Отмок, связывающий область с Суусамырской долиной и автотрассой Бишкек - Ош. В состав области входят Таласский, Бакай-Атинский, Кара-Бууринский и Манасский районы. Площадь области 11,4 тыс. кв. км. (5,7% территории республики).

По численности населения это наименее заселенный регион Республики Кыргызстан, здесь по данным 2015 года проживает 247,2 тыс. человек, что составляет всего около 4% населения страны. Из них только пятая часть проживает в городе, а основу области составляют сельские жители. Население Таласской области многонациональное, но преобладающая его часть (более 90%) - киргизы, также в области проживает достаточно большое число курдов, русских и казахов и узбеков. Средняя плотность населения 21,7 чел. на 1 кв. км., что несколько ниже общегосударственного показателя. В областном центре городе Талас проживает более 35 тыс. чел. Крупными населёнными пунктами также являются сёла Кызыл-Адыр, Покровка, Бакай-Ата,

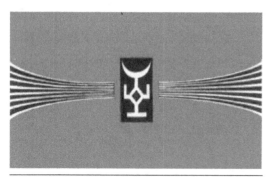

Флаг Таласской области

Кок-Ой. От общего количества населения примерно 40% составляют несовершеннолетние, 50% - совершеннолетние, 10% - пожилые. Из Таласской области происходит большой миграционный поток, в основном, в Чуйскую область и Бишкек.

Глава 10
ЭКОНОМИКО-ГЕОГРАФИЧЕСКАЯ ХАРАКТЕРИСТИКА ТАЛАССКОЙ ОБЛАСТИ

10.2. Особенности географического положения и природные ресурсы Таласской области.

Таласская долина по своему строению напоминает треугольник с вершиной на востоке, Таласский и Киргизский Ала-Тоо, сближаясь на востоке, образуют горный узел Ак-Суу. К западу долина расширяется и в северо-западной части граничит с полупустынями и пустынями Туранской низменности. В пределах Таласской долины и горного обрамления можно выделить следующие геоморфологические комплексы: горный, предгорно-равнинный и равнинный. Рельеф Таласского и Киргизского Ала-Тоо отличается сложным строением.

Таласская долина расположена в умеренном климатическом поясе. Замкнутость долины окруженность горными хребтами и сложный рельеф способствует формированию сухого и континентального климата. Среднеиюльская температура 15-25°C, январская -6...-14°C. Продолжительность безморозного периода 157-163 дня. С запада на восток от подножия гор по склону возрастает количество осадков. Среднегодовое количество осадков 300-400 мм. Максимум осадков приходится в долине на апрель-май, а на горных склонах на май-июнь. Лето сухое. Постоянный снежный покров формируется на равнине в декабре, в предгорьях - в середине ноября.

Самая крупная река области - Талас, которая образуется из слияния рек Уч-Кошой и Каракол и течёт на запад. Крупные притоки: Урмарал, Кара-Буура, Кенкол, Беш-Таш, Кюмюштак, Нылды, Калба и др. Озёр на территории области встречается мало, самое крупное - озеро Беш-Таш, которое образовалось в результате обвала и подпруживания речной долины.

Основная часть ледников находится на северном склоне Таласского Ала-Тоо. Имеется более 280 ледников, общей площадью 164,7 кв. км.

Озеро Беш-Таш раскинулось на высоте 2997 метров над уровнем моря

Распространение растительного покрова в Таласской области подчинено закону вертикальной поясности. Пустынная растительность встречается на абсолютных высотах 700-1200 м. В растительном покрове преобладает полынь. Степная растительность распространена в низкогорьях и среднегорьях на высотах 1300-2300 м. В пределах долины встречаются более 40 видов степных растений. В некоторых местах широко распространены кустарники. Лугово-степная растительность растёт на высотах 2300-2800 м. Встречается более 70 видов растений. На крутых склонах гор на высотах 2200-3200 м. встречаются еловые, арчовые и пихтовые леса (Беш-Таш, Урмарал, Калба). Среди еловых лесов встречаются рябина, боярышник, таволга, шиповник. В поймах реки Талас и в ущелье Кенкол распространены ивово-берёзовые, кустарниковые леса. Луговая растительность образует небольшие массивы (Беш-Таш, Кюмюштак, Нылды, Уч-Кошой). Субальпийские луга встречаются на северных склонах гор, на абсолютных высотах 2600-3100 м. Альпийские луга развиты на высотах 3300-3800 м. Высокогорные альпийские степи встречаются на южном склоне Киргизского Ала-Тоо.

10.3. Основные отрасли экономики Таласской области.

Экономика Таласской области располагает теми отраслями, которые наиболее удобны в природно-климатическом отношении. Основная отрасль сельского хозяйства - животноводство. Население занимается разведением овец, коров, лошадей и получением от них различных видов продукции. В области развито и земледелие, здесь возделывают зерно, табак, картофель, овощи, в последнее десятилетие стали активнее выращивать сахарную свёклу и масличные культуры. Из общей площади Таласской области 65% территории (7% территории страны) составляли сельхозугодья. Из них примерно 14% отдано под пахотные земельные угодья, 0,3% - под плодово-ягодные сады, 0,4% - под сенокосы, а около 85% - под пастбища. Большая часть пахотных земель занята зерновыми, табачными культурами, сахарной свёклой, картофелем и кормовыми культурами.

Величественная статуя Манаса на фоне гор

На 1 января 2001 года в Таласской области имелось 47,3 тыс. коров, 334,0 тыс. овец и коз, 24,2 тыс. лошадей, 2,1 тыс. свиней, 145,8 тыс. голов домашних птиц. Почти вся животноводческая продукция производится в частных хозяйствах: 99,8% мяса, 99,0% молока, 100,0% яиц, 98,5% шерсти.

Промышленность в Таласской области по сравнению с общегосударственным уровнем развита очень слабо, удельный вес её продукции составляет не более 1% от всего объёма промышленной продукции Республики Кыргызстан. К основным секторам промышленности в Таласской области относятся перерабатывающая, обувная, швейная промышленности и предприятия по производству строительных материалов. Свыше 90% продукции промышленности области дают пищевая, мукомольная и кормовая

Глава 10
ЭКОНОМИКО-ГЕОГРАФИЧЕСКАЯ ХАРАКТЕРИСТИКА ТАЛАССКОЙ ОБЛАСТИ

отрасли: например, производство мяса, сыра, сливочного масла, муки; производится также небольшое количество обуви. Сравнительно крупными предприятиями являются АО «Талас - Дан-Азык», производящее муку и комбикорм и Кара-Бууринский сырзавод «Арашан». Производственные мощности незначительны и представлены устаревшими и непригодными зданиями, оборудованием и квалифицированной, но не заинтересованной рабочей силой. Многие предприятия области закрыты, простаивают или работают не в полную мощность.

Основная роль в перевозке народно-хозяйственных грузов и пассажиров, а также в обеспечении внутренних экономических связей принадлежит автомобильному транспорту. Основные автомобильные дороги Таласской области: Тараз (Казахстан) - Кара-Буура - Талас - Чат-Базар - Отмок (Суусамырская долина), Талас - Покровка - Тараз (Казахстан), Кара-Буура - Аманбаев - Шекер - Кок-Сай. В конце 1996 года была построена дорога Талас - Чат-Базар - Кулан (Казахстан), идущая через перевал Чёнёр, которая сокращала расстояние между Таласом и Бишкеком на 145 км. Вследствие некачественного и поспешного строительства в настоящее время эта дорога находится в аварийном состоянии и не используется. На западной границе области через поселок Маймак проходит железная дорога протяжённостью 17 км., которая имеет важное значение для перевозки грузов.

В Таласской области в районе железной дороги в марте 1997 была организована свободная экономическая зона (СЭЗ) «Маймак», под которую было отдано 520 га

Праздник животноводов Таласской области

земли. СЭЗ «Маймак» находится в удобном месте для создания производственных связей с другими странами, прежде всего, с Казахстаном. Согласно Закону Республики Кыргызстан о СЭЗ в этой зоне имеются льготы по налогам, таможенным и другим сборам, которые облегчают привлечение иностранных инвестиций и создают благоприятные условия для производства по передовым технологиям качественной и имеющей спрос продукции. Однако, несмотря на созданные благоприятные условия, с момента образования в СЭЗ «Маймак» зарегистрировано всего несколько хозяйствующих субъектов, которыми не ведется производственная деятельность, поскольку отсутствуют реальные инвесторы и не создана необходимая инфраструктура.

Таласская область обладает достаточно хорошим потенциалом для развития природного и культурно-исторического туризма. На территории области находятся погребения Таш-Дёбё, Кызыл-Сай, Беш-Таш, Жол-Дёбё, Таш-Арык, относящиеся к бронзовому веку, древний могильник Кен-Кол (3-2 вв. до н.э.), городище Нушжан (возле станции Уч-Булак). В долине реки Айыртам-Ой найдены древние надписи на древнетюркском языке, высеченные на камнях. В области можно посетить знаменитый комплекс Манас-Ордо, включающий мавзолей Манаса, музей-заповедник "Манас", музей "Манас", мечеть и другие объекты, а также множество древних археологических и архитектурных памятников.

本书另配有方便课堂教学的电子课件，特向使用本教材的教师免费赠送。相关专业任课教师，请完整填写本页下方的"教师联系表"，拍照发送至：pup_russian@163.com 我们将为您提供下载链接。

教师联系表

教材名称	《吉尔吉斯斯坦区域概况》			
姓名：	职务：	职称：	邮编：	
通信地址：				
电子邮箱：				
学校地址：				
教学科目与年级：			班级人数：	

欢迎关注微信公众号
"北大外文学堂"
获取更多新书信息